離島ひとり旅

大畠順子

辰巳出版

はじめに

～離島をひとりで歩きはじめたプロローグ～

車はほとんど走らないから、本当は必要ないけど、島に信号機がひとつだけあります。さて、それはどこにあるでしょう？

勘のいい人なら、ちょっと考えればわかるかも知れません。

答えは「学校の前」です。

これは、離島で育つ子どもたちが信号機を知らないまま本土へ行くと危ないので、学校の前に信号機を作り「赤は止まる」「青は進んでいい」ということを学ぶためだそうです。

離島ひとり旅をはじめるキッカケとなったのは、2011年頃、「SNSに『寿司を食べに、ちょっくら新潟に来ました』とか書いたらおもしろいかな？」なんていう、ただの思いつきと暇つぶしからでした。

結局「ネタ作り」にわざわざ佐渡島までお寿司を食べに出かけたのですが、そのとき新潟の地図を眺めていると、佐渡島の上方に今までは気が付かなかった小さな離島（粟島）を見つけました。「これは何だろう？」と、その2カ月後にやっぱり思いつきと暇つぶし、そして興味本位で訪れてみたのです。このことが、以後、私を離島の世界へ深く誘うこととなりました。

そのときに知ったのが前述した信号機のエピソード。

そのほかにも、コンビニどころか飲食店すら1軒もない島（自動販売機のありがたみと言ったら……！）、定期船がなく船が到着すると島民が船まで郵便物を取りに来る島、昼休みになるとその日の夕飯のために島に住む人がぞろぞろと港に魚釣りにやって来る島、「番地」が存在せず島（村）の名前と氏名だけで郵便物が届く島など……。

日本の離島を調べれば調べるほど、訪れれば訪れるほどに「離島あるある」を発見することになり、同じ国内でありながら、同じ言語（ときどき方言がキツすぎて聞き取れないこともありますが）を話しながら、「こんなにも文化が違うんだ！」と驚かされ続けています。

ここでもうひとつ。日本には離島がいくつあると思いますか？

そもそも、日本は島国なので、国土の全ては「島」で構成されているのですが、国土交通省による定義では、北海道・本州・九州・四国・

沖縄本島の5つ以外の島を離島と呼んでいます。「島」である要件は、満潮時に周囲100m以上の陸地が海面から出ていること。地理の教科書で有名な沖ノ鳥島を水没させないよう、消波ブロックで取り囲んでいるのはこのためです。


これを満たすのは、日本になんと6800島以上！

その中で人が住んでいる有人離島は418島といわれています（2018年現在）。


私は離島の旅をはじめるまで、この数を知らないどころか、まさか離島がこんなにあるなんて想像もしていませんでした。

知っていた離島をすべて挙げたとしても、せいぜい10島くらいだったでしょう。

しかし、それだけの数、人の生活と文化があるのかなって想像すると、好奇心がくすぐられて、わくわくしてきます。


私が離島の「ひとり」旅にこだわっているのは、気ままに、時には無計画で思いつくままに行動できる自由さが好きだからなのですが、加えて、旅しているうちに〝ひとり〟ということが、異文化・異世界・島の人々の人間味をより深く感じることに繋がっていると実感したからです。


離島は情報が少なく、不便であるがゆえ、島の人に道やお店を尋ねたり、助けてもらうことも増えます。

民宿の方が島の中を案内しながら一緒に回ってくれたり、時には長すぎるほどに島の話を延々と聞かせてくれたり、道に迷っているところを通りすがった人が目的地まで連れて行ってくれたり……。

助けを当てにしている訳ではないのですが、そのようなうれしいお声がけには積極的に甘えるようにしています。

そんな現地の人たちとの交流も、離島を旅する大きな魅力のひとつだからです。


訪れてみて初めて見つけた離島のおもしろさ、そして、なんと言っても心が癒やされる美しい自然。

本当に静かで何もない離島でこそ、自分だけの楽しみを見つけられるはず。


この本ではそんな私の離島ひとり旅の記録を紹介していきます。

コンテンツ

本書の使い方

本書では著者が訪れた日本の離島のうち、厳選した 29 島（※）を紹介しています。

初級、中級、上級の振り分けは東京からのアクセスのしやすさや、島のアトラクションの多さを基準により判断しています。離島旅への“入り口”としてご利用ください。

また、具体的な島の計画については必ず旅の前に最新情報をご確認ください。

本書の体験記は著者が訪れた際のエピソードにもとづくものであり、離島はわずか 1 ～ 2 年でも変化があります。特に、店や施設、アクセス便の数が少ない島では、数名の移住者または 1 軒の店の開閉店だけでも島全体に大きな影響を与えますのでご注意ください。

最善の旅をしていただきたいので、わざわざ訪れた先でがっかりしないよう、最新情報の入手を忘れずに！

- Ⓐ 島名と読み方
- Ⓑ 属する都道府県・群島、諸島
- Ⓒ 島の面積、周囲、人口
- Ⓓ 島メーター　島へのアクセスのしやすさ、島の攻略のしやすさ、特徴を★で表しています。
- Ⓔ 島の情報　島の概要や特徴を紹介しています。
- Ⓕ アクセス　✈…飛行機でのアクセス方法　🚢…船でのアクセス方法　島へのアクセス方法を紹介しています。航空便や船便の運行情報は不定期で変更になるので、旅の際には必ず最新情報をご確認ください。
- Ⓖ 島マップ　地形や特徴を把握していただくための簡単な地図を紹介しています。

※しまなみ海道を 1 島と数える場合

【ご注意】本書に掲載したデータは 2018 年 6 月現在のものです。島へのアクセス情報、店舗の営業時間や料金など内容の変更、商品の売り切れなどの場合もございます。本書に記載された内容で生じたトラブル、損失などの責任は弊社では一切負いかねますのであらかじめご了承ください。

離島旅の心得

自分に一番合った交通手段を選択しよう！

本書で紹介する離島への交通アクセス・費用は、あくまで目安です。離島へのターミナルとなる港までのアクセスには鉄道と航空の選択肢があったり、航空でもLCCが運航している場合もあります。

港から離島へのアクセスも、フェリーか高速船という選択肢もあり、それぞれ時間、料金、便の数などに違いがあります。また、それらは季節によって変更することもあります。

航空機の場合は早く確実ですが、料金が高く、船の場合は安いけれど時間がかかる・欠航の可能性があるなど、それぞれのメリット・デメリットがあります。スケジュールや総予算の都合に合わせて最適なものを選んでください。

航空機ではプロペラ機やヘリコプターの搭乗、フェリーでは港への着岸方法など、アクセスを含めてその離島でしか味わえない体験ができることもしばしば。それらも含めて楽しむためにも、行きと帰りで交通手段を変えるのもおすすめです。飛行機と船がうまく接続しなかったりすることもありますが、そのプランニングも離島旅の醍醐味。根気強く計画してみてください。

また、これから初めて離島に挑戦する方にはツアーもおすすめです。離島によってはパッケージツアーが組まれている場合もあるので、ぜひ探してみてください。

宿と現地での交通手段は最初に抑える！

離島への交通手段と一緒に、必ず宿を抑えましょう。

離島によっては、民宿が数軒しかなく時期によっては満室ということも多いです。せっかく航空券を購入したのに泊まる場所がない、なんていうことは絶対に避けたいところ。特にゴールデンウィーク中や夏季休暇がある7～8月に訪れる場合は前もって予約を。WEB予約を行っていないことも多いので、電話の方が確実です。

特に、小さな離島ではフェリーの到着時間を聞かれるので必ず伝えましょう。宿の方が港まで迎えに来てくれます。初めて港に降りたとき、民宿の方が〝旗〟やボードを持って待っていてくれるのもいい風景です。

また、民宿に宿泊する際は食事をつけるか素泊まりにするかも必ず確認しましょう。宿でゆっくり食事をするもよし、島内の飲食店へ出かけてみるのもよし。どちらもお好み次第ですが、そもそも島内に繁華街がなく、宿泊先の近くに飲食店がないことがほとんど。ちょっと夕飯を食べにいくのがひと苦労という場合が多く、離島によっては飲食店が1軒もないことも！　そういった島では1泊2食ではなく、昼食も含めた1泊3食を民宿が提供してくれるので予約の際に確認してみましょう。

そして、忘れがちなのが、現地での交通手段。離島の規模にもよりますが、レンタカーにするのか、レンタサイクルにするのかを決め、必ず旅の前に予約をしましょう。台数にも限りがあります。

特にレンタカーは台数が少ない場合、宿よりも早く予約が埋まることがあります。レンタカーの料金は1日3000円～1万5000円と、離島によってずいぶん違いがあります。

バスが運行している離島もありますが、基本的に1日数本の運行です。私は島の外周を調べ、30㎞以下は自転車、それ以上は起伏がない平坦な離島であれば自転車、起伏がありそうならレンタカーを利用しています。

また、レンタサイクルを利用する場合、電動自転車がある場合は利用をオススメします。電動なしの自転車でサイクリングするのは健脚の人向けです。

現地のお店・宿泊・施設の最新情報は、必ず事前に調べよう！

インターネットの情報サイトにおいて、飲食店や店舗の営業形態変更・閉店・新規オープンなどが随時更新されていくように、離島のお店にも変化はつきものです。

しかし気をつけたいのは、離島ではそもそもの母数が都市部に比べて少ないために、現地を訪れてから知ると、予想以上のダメージになることも。店舗や民宿が経営者の高齢化で閉鎖していたり、逆に島に今までなかったお店が移住者によってオープンしていたり……。本書で紹介しているお店も、必ず訪れる前に調べて確認してください。

さらに、名物料理などは予約しないと食べられないものもあります。わざわざ何時間もかけて訪れた先で食べられないことがないよう、予約が必要かどうかを調べて、必ず予約をしておきましょう。島では毎日注文があるかわからないため、事前に素材を仕入れる必要があるからです。かくいう私も、東京から8時間かけて到着した先で目当ての食事が「要予約」のため食べられなかったことがありました……。

念のため、天候や自然災害についても抑えておこう！

自然災害についても要注意。例えば、大雨や台風のあとで、道路が通行止めになることが万が一あるかもしれないので、行先を決めたら天候に関するニュースのチェックも忘れずに！私は過去に何度か、旅の出発前に目的地が災害にみまわれ、現地で土砂崩れによる通行止めに遭ったことがあります。

万が一、帰れなくても大騒ぎしない

時期にもよりますが、天候不良で船が欠航ということが時々起こります。それはもう仕方のないことで、大騒ぎしてもどうにもなりません。現地の方はあたたかく手を貸してくれます。騒がずに運命を受け入れましょう。

八丈島のように、天候不良で島に閉じ込められた人が出ると、島の人が料理を持ち寄り「欠航流人の宴」という宴会を開いてくれる離島もあります。

どんなこともポジティブに受け入れる心意気

離島の旅に失敗はつきもの。予定通りにいかない、こんなはずじゃなかった。せっかくアクセスの悪い離島に苦労してやってきたのに天候に左右され、青空の海が見られなかったり、客サービスとは程遠い超適当な扱いを受けたり……。私の旅も大失敗の繰り返しです。

いちいちがっかりして落ち込まずに、そのアクシデントや人間味を楽しむ心意気があれば、離島の旅は最高なものになるでしょう♪

持ち物について

●基本は現金で！

事前にネット決済ができなければ、現地でのカード払いも未対応のお店が多いです。また、銀行のATMがない離島も多いので、細かく計算して必要な現金を用意して行きましょう。ちなみに、あることが多いのは郵便局です。

●当たり前に買えるものが当たり前に手に入らない！

虫よけスプレーや日焼け止め、電池、歯ブラシなど、必要なものは必ず持っていきましょう。これらをうっかり忘れてしまったら、離島の規模によっては簡単に手に入らないかもしれません。または、あったとしても、好みのメーカーのものは置いていない可能性が高いので、普段当たり前に買えるものも、必要なものは必ず持ち込みを。

●島内散策は必ず水分を持って出かける！

離島の中をサイクリングに出かける時は必ず飲み物を持っていきましょう。2時間のサイクリングで自動販売機が1つもなく脱水症状になってしまうことがあるかもしれません。途中で買えばいいやと思わず、必ず集落で水分を調達してから出かけましょう。

●あると便利だったもの

コンセントのタコ足配線・充電バッテリー

ゲストハウスなどをよく使う人はお馴染みかもしれませんが、民宿では相部屋も多くコンセントが譲り合いになることもあります。フェリーに長時間乗る場合もコンセントは譲り合いに。スマートフォンやカメラを充電する時にコンセントのタコ足があると便利です。または容量の大きな充電バッテリーを持っていくのも良いでしょう。

酔い止め

船に初めて乗る人は、必ず持って行ってください。車に酔わなくても船には酔うという人も多いです。ちなみに、大型船の方が小型船より揺れません。乗る位置は船の後部の席を選びましょう。

私が必ず持っていくものLIST

- □ **現金**（カードを使わなくてすむ金額）
- □ **充電器類**（カメラ・携帯電話等）
- □ **カメラ**
- □ **羽織もの**（夏でも必ず。北へ行く場合は少し厚手のものも）
- □ **筆記用具とファイル**
- □ **本たくさん**（待ち時間の過ごし方）
- □ **日焼け止め**
- □ **虫よけスプレー**
- □ **ドライヤー**（ない民宿も多い）
- □ **酔い止め**
- □ **雨具**（カッパ）
- □ **ゴミ袋やビニール袋**（雨天時荷物にかける）
- □ **タコ足配線**（必需品）
- □ **タオル**
- □ **ミニバック**

BEGINNER

初級

まず行くならココ！

ビギナー編

no. 1

式根島《しきねじま》

海と温泉！ 東京から3時間の島

東京都 伊豆諸島

1 地鉈温泉。鉈で割ったような岩場を進んだところにあります　2・3 野口冬人氏が選定した露天風呂番付で「東の張出横綱」に選定。潮の満ち引きで温泉の温度や湯量が変わり、干潮時は熱く、満潮時は冷たくなります。ちょうどいい湯加減の場所を見つけてみてください

島 DATA

面積 3.88㎢
周囲 12.2㎞
人口 2753人（新島村）
（平成 27 年国勢調査）

行きやすさ	★★★★★
難易度	★☆☆☆☆
温泉度	★★★★★

島の情報

東京都・伊豆諸島に属する島。島内に 24時間無料で入浴可能な野外露天風呂が 3カ所ある。海水浴は夏季のみ、遊歩道のハイキングや温泉は 1年中楽しめる。

アクセス

✈ 東京・調布飛行場から新島まで飛行機で約 35 分、新島から連絡船「にしき」に乗り換え、式根島まで約 15 分。連絡船の運行は1日3便。

⛴ 東京・竹芝桟橋から高速船で約3時間、大型フェリーで約 10 時間。下田からはカーフェリーの発着があり、車でそのままアクセス可能、所要時間は約3時間半。

週末ふらっと離島旅におすすめ！

離島を旅するなら前もって気合を入れた計画を立てたいところですが、都内在住の私にとって「今週末、ふらっと旅しよう！」と、思い立ったらすぐに訪れることができるのが東京の離島・伊豆諸島。特に、式根島を含む伊豆大島・利島・新島・神津島は高速船で2〜3時間というアクセスの良さ。大型フェリーなら、より費用を抑え、竹芝桟橋を23時に出発して、翌朝の到着が可能です。

私が式根島を訪れたのは2017年7月。夏季は竹芝桟橋からの高速船（ジェット船）に早朝便があるので午前10時に到着可能で、夕方便で帰れば日帰りでも楽しめます。私は民宿に宿泊し、土日を利用した1泊2日の週末プチ旅に。7〜8月の海水浴シーズンは宿の予約が埋まりやすいので、休日に宿泊した

5 足湯が楽しめる「松が下 雅湯」。泉質は「地鉈温泉」と同じ硫化鉄泉で、神経痛、リュウマチ、胃腸病、冷え性などに効能があるそうです。地鉈温泉の泉質を気軽に楽しめるように作られたスポットで、水着がなくても楽しめるのがうれしいです

4 地鉈温泉に行く前にある「湯加減の穴」。手を入れると地鉈温泉の湯加減がわかるのでここで温度をチェックしてから入浴しましょう。なお、入浴には水着の着用が必須。夜間は外灯がないので足元にくれぐれも注意を！

6 竹芝桟橋から式根島まで乗船した高速ジェット船。カラフルでキュート　7 島で一番大きなスーパー。食品・雑貨・酒類などが並びます

い方は少し早めの予約がおすすめです。

夏季は海が美しい式根島。島内にある4つの海水浴場の中でも、岩場に囲まれた入り江にある「泊《とまり》海水浴場」（P.14）の景色は圧巻です。波が穏やかなので家族連れも多く、透明度も抜群。また、この島で欠かせないのが温泉！ 島内には24時間無料で入浴できる露天風呂（要水着着用）が3つあります。しかも、どの温泉も海を眺めながら浸かることができ、とても贅沢な時間を過ごせます。

足湯のある「松《まつ》が下《した》 雅湯《みやびゆ》」や透明な「足付《あしつき》温泉」もいいですが、特におすすめなのは「地鉈《じなた》温泉」。鉈で割ったような岩場を進んだ先にあり、温泉評論家による露天風呂番付では〝東の張出横綱〟にランクイン。海に隣接した岩場から湧き出る温泉は、潮の満ち引きで海水と混じり合い、訪れる時間で湯量・温度が変わります。温泉の形も変化するので、朝・夕・夜と何度か時間を変えて訪れても楽しめそう。式根島は星空がきれいなので、夜空を眺めながら温泉に浸かるという、贅沢な楽しみ方もできますよ。

温泉に向かう途中には「湯加減の穴」が！ 手を入れると、地鉈温泉の湯加減がわかると言われているので、ぜひ手を入れてチェックしてみてください。

8「神引展望台」へと続く階段。頂上までの段数はなんと100段！ 9「神引展望台」からの眺め。快晴時には伊豆半島や富士山、ほかの島が展望できます。リアス式の入り江が美しく、「新東京百景」にも選ばれています 10「神引展望台」から見渡す式根島の風景。同じ展望台でもどちらの方角を向くかによって表情が変わります

11 御釜湾を囲む「御釜湾展望台」は全部で3つあり、第一〜第三展望台まで、それぞれハイキングコースの途中にあります。こちらは第一展望台からの眺め。天気がよければ海の向こうに三宅島や神津島も見えます

12 映画に出てきそうな独特の風景が広がる「唐人津城（とうじんづしろ）」。城跡ではなく「人や魚が集まる所」という意味なのだとか 13「これが遊歩道!?」と驚くほど草が生い茂っているコースもあるのでご注意を

遊歩道の散策と展望台からの絶景

海と温泉を楽しんだ後は、展望台からの眺めを。式根島には、遊歩道を歩いたところにいくつか展望スポットがあり、それぞれ違う風景を楽しめます。私は2日目に軽くトレッキングできる服装に着替えて、島内の散策に出かけました。

遊歩道のハイキングにはモデルコースも設定されていて、約2時間コース、約5時間コースなど、スケジュールや好みに合わせて選ぶことができます。コースによっては草が茂った上級者向けなところもあるので、どのルートを通って行くかは地図や標識・注意書きなどで確認を。

また、トレッキングには袖のある動きやすい服装やスニーカーで。ちなみに私は半袖、サンダルで草の茂った道を延々と進んでしまい、少し痛い目に遭いました。7月末に訪れたときはやぶ蚊がたくさんいたので虫よけスプレーもお忘れなく。

展望台の中でも、神引《かんぴき》展望台から眺める神引湾、御釜湾《みかわわん》第一展望台からの御釜湾の眺めは絶好のフォトスポット！ 御釜湾第一展望台からは、天気がいいと同じ伊豆諸島の三宅島や神津島が見られます。

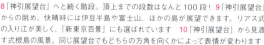

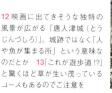

SHIKINEJIMA

15「サンバレー」というお店で食べたネギトリラーメン。白髪葱と鶏肉がたっぷり

14 式根島名物の「たたき丸」。郷土料理の「たたき」（魚をすり身にし味付けしたもの）を丸めて揚げたもので「ファミリーストア みやとら」にて発見

18 夏季のみ営業の中華料理店「上山食堂」の店内。夏季も不定期で休みになるので注意　19 昭和レトロな雰囲気です　20 こんもりかき氷もおすすめ

16 島の食材をメインに使った郷土料理を味わえる居酒屋「千漁」。通常は18時からの営業。行く前に必ず問い合わせを　17 ランチの漬け丼が絶品でした

また、そこから草の生い茂る遊歩道をさらに奥へと進んだエリアにある「唐人津城《とうじんづしろ》」は、まるで映画の舞台のように異世界感漂う景観。時間に余裕があればぜひチャレンジしてみてほしいスポットです。

味のあるメイン通りと島散策へ

式根島は、島の一周が約12㎞と小さな島で、島内をぐるりと巡ってみるにもちょうど良いサイズ。これも離島デビューにおすすめしたい理由のひとつです。島の街並みを味わうなら、移動にはレンタサイクルが便利。電動自転車なら楽ラク移動できるのでおすすめです。

島のメインの通りには昔ながらの食堂や、郷土料理の居酒屋、創作料理のカフェバーなど、飲食店や商店が並んでいます。夏季に訪れる際はぜひ中華料理店「上山食堂」のかき氷を味わってみてください。私は滞在中に3杯食べました!

島にある店の中には夏季のみ営業や、夏季以外の時期だと営業時間や扱う商品が違うお店もあるので、お目当てがある場合は必ず事前にウェブサイトで調べるか、直接店に問い合わせましょう。

野伏港から歩いて5分にある「泊海水浴場」。岩に囲まれて、入り江になっています

SHIKINEJIMA

no. 2

粟島

あわしま

新潟県

左に山、右に海！ 絶景サイクリング

1 サイクリング途中の風景。カーブが続き、写真のように手前から奥の道を臨める場所が多数あります　2 島の南端から一気に下る坂道。左手に緑、右手に青、最高に気持ちがいい！

島DATA

面積 9.78㎢
周囲 23㎞
人口 370人
（平成27年国勢調査）

行きやすさ ★★★☆☆
難易度 ★★☆☆☆
サイクリング度 ★★★★★

島の情報

佐渡島の北、新潟県村上地方の沖合に位置する日本海の島。「内浦」と「釜谷」という2つの集落がある。夏季は海水浴とキャンプが人気。

アクセス

新潟県村上市にある岩船港からフェリー（普通船フェリーあわしま）で約90分、高速船（高速双胴船 awaline きらら）で約55分。

絶景ポイント多数！ 粟島サイクリング

新潟の離島といえば真っ先に佐渡島が浮かびますが、さらに北に粟島という小さな島があります。新潟県北部・村上市の岩船港より高速船で55分。島の大部分を山地が占め、人が住む集落は2つ。島全体が「粟島浦村《あわしまうらむら》」という自治体になっています。

粟島は私が離島を旅するキッカケとなった場所です。数時間あれば自転車で回れてしまう規模で、コンビニなし、飲食店数軒、それ以外は山と海！など〝離島の魅力〟が凝縮されていて、2011年に初めて訪れてからすっかりその虜《とりこ》に。以降、これまで4回リピートしています。日帰りでも楽しめますが、宿泊するのもおすすめです。

粟島には島の周囲約20㎞を一周する道があり「サイクリングするなら粟島！」と言える

AWASHIMA

3「内浦」から山をはさんでちょうど裏側に位置する「仏崎（ほとけざき）」の展望台からの風景。新潟百景にも選ばれた、絶景ポイントです

アクセスが便利になるかも！

現在のアクセス方法は新潟県北部の岩船港からの定期船のみですが、2018年7月に実験的に新潟市内の港から運行される予定です。この船は1時間半の航路を想定しており、本格導入となれば新潟市からの出発が可能に！ 県外からのアクセスがぐっと楽になりそうです。

4・5 岩船港と粟島をつなぐ高速船「awaline きらら」。なかなか揺れるので船酔いが心配な人はフェリーも選択肢に入れましょう

ほど、自転車好きには特におすすめです。ちなみに、路地やハイキングコースを除き、島にある道路は集落間を結ぶ道と、島をぐるっと囲うこの道の2本のみ（!）です。

自転車は高速船で持ち込めるので本格派なら持ち込みを推奨します。港の観光案内所でレンタサイクルもでき、私はレンタサイクルを利用しました。ただし、借りたのは3段切替付のママチャリだったのでキツイ登りはこぐのを諦め押して歩くことに……（笑）。電動自転車の有無は案内所に問い合わせを。

おすすめのサイクリングコースは、港のある「内浦《うちうら》」を海に沿って北上し、休憩や写真撮影を随時はさみながら反対側の「釜谷《かまや》」で昼食をとって戻ってくる3時間ほどのルート。釜谷までの道中は飲み物が手に入らないので、必ず内浦で準備して出発しましょう。アップダウンがあるため体力は使いますが、その価値があると思えるほど、とにかく景色が美しい！島の中心部が山になっているので左手に緑、右手に海の青を眺めながら気持ちの良いサイクリングが楽しめます。

さらに終盤、島の南端に向かう急勾配を登ったあと一気に下る海沿いの道の爽快さは病みつきです。途中に多数の絶景ポイントがあるので、寄り道しながら楽しみましょう。

6・7「内浦」の港近くの粟島売店組合にて。食品、飲料、おみやげが並ぶ店内の一角に「ほしい人はどうぞ」と書いたテレホンカードが！お店のおばちゃんに「持って行って」とテレホンカードをいただきました

味わいのあるいでたち
ぜひ立ち寄ってみて

8 カフェ「そそど」のオシャレな店内。海を見ながらのんびりできます　9 昼はカフェ＆ランチ、夜は居酒屋に

名物のわっぱ煮と変わる島の風景

集落の中を散歩したり港前の通りを歩いてみたりすると、島の雰囲気や文化をより近くに感じられます。港がある東側の地区「内浦」でぜひ試してみてほしいのが、粟島名物のわっぱ煮。これはスギを曲げて作った「わっぱ」に焼き魚とネギ、味噌、お湯を入れ、そこに焼いた石を落とし、熱で煮立たせる名物料理で、その時期の旬の魚が楽しめます（写真10）。粟島浦村役場の横には「おみやげの店」と書いた味わい深い佇まいの売店が。3度目に訪れたときになぜか「ほしい人はどうぞ」とテレホンカードをいただきました。

最初の旅では、昭和感漂う島の雰囲気を強く感じたのですが、2度目の旅では、港の横にオシャレなカフェができていることにとても驚きました。こちらのカフェ「そそど」は東京から移住してきたご夫婦がオープンしたお店で、海を眺めながらのんびり過ごすにも、サイクリング後の休憩にもぴったり！とても素敵な一軒でした。

飲食店の開閉業はどこにでもあることですが、小さな離島ではちょっとした変化でも驚くほどの違いを感じます。移住者によって島が変わることもよくあり、数回訪れることで

10 わっぱ煮は、メバル、カワハギなど、その時期の旬の魚を使用した漁師料理。内浦の「みやこや」でいただきました　11・12「みやこや」の店内。民宿としても営業しています

13 港のある東海岸側の「内浦」と西海岸側の「釜谷」、2つの集落からなります　14・15 初来店では名物にありつけずガッカリだった「かもめ食堂」。内外観も独特です　16「かもめ食堂」がある「釜谷」の街並み　17 あわび入りの贅沢な「浜カレー」　18 豪華な海の幸をたっぷり使った「粟島ラーメン」は要予約なのでご注意を

島の変化を感じることができるのも、離島ならではの"面白み"のひとつです。

「かもめ食堂」幻の粟島ラーメン

西側の集落「釜谷」には「かもめ食堂」（どこかの映画で聞いたような名前）があります。こちらでは島でとれた魚介を使った料理を味わえますが、その価格からも、ひときわ興味をそそられたのが「粟島ラーメン」。「ラーメンなのに2000円もするなんて、一体どんなものなのか……!?」と期待しながら店まで自転車をこぐこと1時間半。やっとの思いで到着し、注文するとまさかの「予約のみ」という回答が！ ここまでの道のりを思うとかなりのダメージでしたが、磯ラーメンや浜カレー、海そうめんなどのメニューにトライ。どれも海の幸たっぷりで美味でした。

その後、3度目の旅で念願の「粟島ラーメン」を食べることができましたが、対面したときの衝撃といったら……！ 何人前あるのだろうというサイズに、贅沢すぎる海の幸。アワビ、サザエ、メカブ、ワカメ、イカ、タコ……。どれも刺身で食べたらおいしそうで、値段にも納得。ラーメンとコラボの味はいかに!? ぜひ皆さんの舌で確かめてみてください。

「ハツ鉢鼻展望台」から見渡す風景。島の形にそって道が走っているのも粟島ならでは

AWASHIMA

no. 3

与論島《よろんじま》

60のビーチと幻の浜に癒される

鹿児島県　奄美群島

島 DATA

面積 20.58㎢
周囲 23.7㎞
人口 5186人
（平成 27 年国勢調査）

行きやすさ ★★★☆☆
難易度 ★☆☆☆☆
たそがれ度 ★★★★★

島の情報

鹿児島最南端の島で沖縄本島に近い。白い砂浜で囲まれた珊瑚の島で、60ものビーチがある。春から夏にかけての干潮時にだけ現れる幻の浜「百合ヶ浜」が絶景。女子ひとり旅には特におすすめ。

アクセス

✈ 鹿児島、沖縄から直行便が毎日運航。鹿児島からの場合は鹿児島空港か奄美空港（曜日によって沖永良部経由）から、沖縄からは那覇空港から。
🚢 鹿児島からは鹿児島新港発、沖縄からは那覇港または本部港発のフェリーを利用。ともにマルエーフェリー、マリックスラインが毎日交互に運航。

1

2

1 大金久海岸。約 2㎞白浜が続く美しいビーチ　2 春〜夏の干潮時には幻の浜「百合ヶ浜」が大金久海岸の沖合に現れます。人の足跡がまったくない浜を見たければ、朝一番に訪れるのがおすすめ。ラッキーなら島を独り占めできるかもしれません！

干潮時のみ現れる「幻の浜」へ

離島女子ひとり旅に特におすすめなのが与論島。正式名称は「与論島《よろんじま》」で、愛称は「ヨロン島《とう》」。映画『めがね』の舞台にもなった島で、のんびりした風景に癒しを求めてやって来るひとり旅女子にも人気のロケーションです。私が旅したときも、同じようにひとりで旅する女性に何人か出会いました。

与論島は約23㎞ある島の周囲を白い砂浜に囲まれており、島内になんと60ものビーチがあります！　なかにはプライベートビーチも多数ありますが、それぞれ個性が違い、ビーチ巡りをして自分のお気に入りを見つけるのも楽しい島です。

絶景ポイントとして知られるのは約2㎞の白浜が続く大金久《おおかねく》海岸の沖合に、春から夏の干潮時にだけ現れる「百合ヶ浜《ゆりがはま》」。時間によっ

3・4・6 1泊目に宿泊した「ヨロン島ビレッジ」。映画『めがね』のロケ地で、撮影用に設置されたキッチンがそのまま残されています　5「ヨロン島ビレッジ」からすぐの「メーラビビーチ」

7 泊まったのは映画でタエコが宿泊したのと同じペンションタイプの和室。洋室もあります　8・9 食事は朝夕ともにフォトジェニック！ 大満足でした

て場所や大きさ、形が変わり〝幻の浜〟とも呼ばれています。出現時間の目安は観光協会ウェブサイト（www.yorontou.info）に更新されるので、旅の際は参照しましょう。島の人に聞くと、教えてくれることもありますよ。

百合ヶ浜出現時は、大金久海岸から渡し船（往復3000円程度）で浜へ渡ることができます。ハイシーズン（6～9月）はボートの係が常駐しているほか、ツアーが組まれることも多いです。

ビーチへ向かう途中に売店があり、おばあちゃんがとてもユニーク。飲み物をくれたり写真を撮ってくれたりとても親切にしてくれるのですが、そのあと売り物の貝細工を熱心にアピールしてきます（笑）。

滞在中、私が1泊目に宿泊したのは映画『めがね』の中で民宿「ハマダ」として登場した「ヨロン島ビレッジ」。実際はきれいなペンションタイプのホテルです。映画に登場する象徴的なキッチンがそのまま残されているので映画ファンにはたまらないはず。宿の近くの草が生い茂る細道（ちょっと険しい）を進むと、その先には映画でヨモギ（加瀬亮）がビールを飲んでいた「メーラビビーチ」が。朝夕の散歩に訪れましたが、〝たそがれ〟という言葉がとても良く似合う素敵な場所でした。

鉄道はない与論島に
看板が…!?

10 映画『めがね』にも出てくる「白砂の道」。何気ない道路ですが思わず歩きたくなるスポットです

11 映画『めがね』では薬師丸ひろ子が女主人をしていた「マリンパレス」のロケ地。実際は家族経営のアットホームな民宿です　12「星砂荘」のお母さんのごはん。家庭的で優しい味でした

映画を通して見る島の風景

2日目は宿を変え、民宿「星砂荘」に宿泊。こちらも映画『めがね』に登場するロケ地で、劇中では「マリンパレス」という一風変わった奇妙な宿という設定ですが、実際は家族経営のとても温かい民宿でした。お母さんの手料理は優しい味。休暇を利用した梅雨の平日に訪れたので、この日宿泊客は私ひとりだったのですが、気を遣ってくださったのか食事の間じゅうずっと一緒に話をしてくれて、いろいろな島の話を聞くことができました。

このように民宿やビーチなど、与論島の中には映画『めがね』に出てくる風景がたくさんあるので、旅の前に映画を見ると楽しみ方がきっと変わってくると思います。私にとっては劇中でタエコ（小林聡美）が歩いた畑の中の「白砂の道」も、なんとなく歩きたくなってしまうスポットのひとつ。空港から港に向かってキャリーケースを引きずりながらこの道を歩いていたときに、軽トラックで通りかかった島の観光協会の方が港まで乗せてくださるという素敵な出会いもありました。

島の中をのんびり回りたい人にはレンタカーをおすすめしますが、私はあえてレンタサイクルで島をぐるぐる散策しました。与論

13・15 映画『めがね』の劇中で「メルシー体操」を行っていたトゥマイビーチ　14 映画にも登場した「ヨロン島ビレッジ」の看板犬

19・20 おやつには焼き立てパンが買える街のベーカリー「ヒロヤ」へ。パッケージもレトロでかわいいお店でした

16・17 内装もメニューも、何もかもがキュートな「海カフェ」　18 ギリシャ風の建物が目印です

島は山間部より平野部の割合が多く、人が住んでいるエリアも広いため、同じような規模の島より広く感じますが、ビーチに寄り道しながらでも1日あれば回れます。散策するときにはビーチの砂浜に混ざっている「星の砂」や、島内に電車はないのに存在する「ヨロン駅」、ダジャレで迎えてくれる亀のオブジェ「ウエルカメ」も探してみてくださいね。

かき氷やカフェもレベルが高い

そのほか、私のお気に入りは赤崎海岸近くのお食事処「美咲」で食べたかき氷。おすすめは「ブルーヨロン」です。そのほかにも黒板には「きむらのアホ」「めがね」「ほぼブラジル」「ひみつのアッコちゃん」といったユニークなネーミングのフレーバーがずらり。看板メニューの「もずくそば」と一緒にぜひ試してみてください。

　ウドノスビーチのすぐ近くにある「海カフェ」もぜひ立ち寄ってほしい場所。ギリシャ風の白と青を基調とした建物で、異国気分を味わえます。天気の良い日は海の見えるテラス席に座って海を眺めるのも素敵。隣にはおみやげショップも併設されていて、とても居心地のいい空間です。

大金久海岸から百合ヶ浜を望む風景。少し曇っていましたが、空と海が美しかったです

YORONJIMA
百合ヶ浜が現れたら
渡し船で渡れます!

離島の一期一会
〜島での出会い1〜

「離島ひとり旅」を重ねていると、その島でしか出会えない、
現地の人、旅をしてきた人、場所、もの、できごとがあります。
ここではそれらを離島の一期一会として、ご紹介します。

EPISODE 1
人間味あふれる、お・も・て・な・し

私は仕事と休暇の都合で閑散期にも離島を訪れるので、泊まった民宿で客は私ひとりということがしばしばあります。とある離島を冬に訪れた時のこと。宿泊したのは、女性（おばちゃん）がひとりで経営する民宿で、もちろん客は私ひとりでした。

1泊2食の予約でしたが、夕飯時に民宿の女性に「夕飯食べに行こうか！」と言われた衝撃は今も忘れられません。「まあ、そうだよね、こんな時期にひとりだけ客が来たら食事の準備するのが逆に大変だよね」と、妙に納得しながら一緒に食事に出かけました。

さらに、民宿へ戻った後、きっと夕食の準備・片付けの手間が省けただろう女性（おばちゃん）は、「ちょっと出かけてくるね！」と、もともと予定されていたという飲み会へ出かけて行きました。

翌日の朝食に、どう見ても昨晩の飲み屋のおみやげの寿司（マンガの中などで酔っ払いが必ず持って帰る、絵に描いたようなあの寿司折り）が出てきた時は、それはもう愉快で、愉快で。「離島の旅ってこれでいいんだろうな」と。接客における一流のサービスとは対極にあるのかもしれませんが、逆に人間味あふれるおもてなしで、いいなあと思います。

おみやげの寿司が朝食に！

民宿の女性とご飯を食べながら話した島の世間話も楽しい時間になりました。こういうことがあるから、離島の旅はおもしろいのです。

EPISODE 2
予定外の延泊

離島の旅では、場所や時期、タイミングにより、天候の影響を受けることがあります。時には帰りの便が欠航となり島を出られないなんてことも。そのような事態であれば、民宿の方は快く延泊させてくださいます（もちろん延泊分の料金はかかります）。

とある島で、悪天候の影響で帰りの便が欠航となり、突如延泊となった時のこと。アクセスの悪い離島だったので、この時も民宿の客は私ひとりでした。それまで食事は島でとれた魚などを中心にいただきましたが、延泊の日はレトルトのハンバーグに。「民宿のご主人も延泊とは想定外だよね。前後にほかのお客さんがいなければ、もう一泊分の食材のことは考えていなくて当然だよね」と、ありがたくいただきました。

離島によってはアクセス便が少なく、物資が届く

のにも限りがあることもしばしばです。加えて船の欠航率が高いと、1週間船がこないなんてことも日常茶飯事。島内の商店やスーパーからは徐々に食材が消えていきます。離島で暮らす人々はそんな環境にも慣れているので、アクセスが悪く、欠航率の高い島であればあるほど、野菜を作っていたり、鶏を飼っていたり、自給自足とはいかないまでも、多少のことでは暮らしに問題はないように生活しているようです。最初に食料などで困るのは、仕事の都合でその離島に住んでいる一時的な赴任の人だとか。

そういった方たちは、島にもともと住んでいる人から食料などのおすそ分けをもらって助けられているという話も伺いました。こんなふうに、急な延泊のおかげで民宿の方からゆっくり話を聞く時間が生まれることもあります。

延泊したら翌日はレトルト食に

EPISODE 3 奄美大島でSNSが繋いだ出会い

本書の中では奄美大島については紹介していませんが、トカラ列島の宝島（P.98）から与論島（P.22）へ渡る旅をした際に、フェリーの経由地として奄美大島で1泊した時のこと。フェリーの出発が翌日の明け方前と滞在時間も限られていたので、レンタカーなどは借りず、その日の夕食は近くのご当地コンビニ「エブリワン」で購入して宿泊先の部屋で食べようかなと考えていました。

10泊の旅の折り返し地点だったこともあり、近くのコインランドリーで延々と洗濯していると、そんな状況を発信した私のツイッターに、「島の者です。迷惑でなければ一緒に食事しませんか？」とリプライが。こんなこともあるんだと驚きつつも、せっかくのお誘いが嬉しく、一緒にお夕飯に行くことに。お誘いをくれた女性は、誰かがリツイートした私のツイートを見たそうで、たまたま奄美大島に旅に来ている人がいるということを知り「おもしろい動きをしているから連絡してみよう」と思ったそうです。

親切に宿泊先まで車で送迎してくれた彼女はさすが奄美大島に詳しく、その時おすすめしてもらって注文した名物料理の解説はもちろん、島の話をたくさん聞かせていただきました。歳も近く、話をしてみるとなんと職業まで同業！この偶然にはちょっとした運命を感じてしまいました……！彼女とは現在も親交があり、上京の際には連絡をもらってお茶や食事に出かけています。

no. 4

喜界島《きかいじま》

鹿児島県　奄美群島

海の透明度が高い隠れた名島

1

2

1「百之台（ひゃくのだい）国立公園」の展望台からの眺め。隆起したサンゴ礁の高台で、眼下にはサトウキビ畑が広がります　2喜界島の最高地点「七島鼻（しちとうばな）」のサイン

「隠れた名島」透明度の高い静かな海

喜界島は観光資源が豊富な奄美大島に比べると観光客が少なく、とても静かな島です。サトウキビ産業が盛んで島の大部分にサトウキビ畑が広がり、のどかな風景を目にすることができます。また、国産の白ゴマの9割は喜界島産。おみやげとしても数多く商品化されています。

鹿児島と奄美大島から空の便が運行しており、奄美からはプロペラ機で片道約20分。東京から直行便はなく乗継が必要ですが、普段あまり乗ることのないプロペラ機への乗継も離島旅の醍醐味です。

喜界島の人と話すたび「奄美と比べてなんにもないでしょう」と言われましたが、とんでもない！ まさに「隠れた名島」。特に印象的だったのは海の透明度です。

島 DATA

面積 56.82㎢
周囲 48.6㎞
人口 7134 人
（平成 30 年住民基本台帳）

行きやすさ ★★☆☆☆
難易度 ★★☆☆☆
海の透明度 ★★★★★

島の情報

鹿児島から南に約 380㎞、奄美大島の東 25㎞に位置し奄美群島に属す。隆起サンゴ礁からなり、海の透明度が高い。

アクセス

✈ 鹿児島空港、奄美空港以外の空港から喜界島への直行便は運行していない。鹿児島空港からは1日2便、所用時間は約 75 分、奄美空港からは1日3便、所要時間約 20 分。

⛴ 鹿児島港・名瀬港（奄美）からフェリー。鹿児島から喜界島までは約 11 時間、奄美大島からは約 2.5 時間。日曜・月曜はフェリーの出入港がないので注意しよう。

3・4・5 ハワイビーチ。透明度が高く、サンゴや魚が近くで見られます。海の色が何層にもなって見える、ぜひ訪れたい絶景スポット。「アンニャドゥマリ（あんなどぅまい）」との名称でも知られる喜界島最北端のビーチです

空港から近く夕日が美しい「スギラビーチ」、喜界島では珍しい遠浅ビーチで海面に空が映し出される「池治《いけじ》海水浴場」、夏にはウミガメの産卵も見られる「小野津海岸」、海へ続く桟橋のある「塩道長浜公園」、春にはウミガメが泳ぐ姿が見られる「花良治《けらじ》ビーチ」、隠れビーチと言われる「中間《なかま》ビーチ」、壇ノ浦で敗れた平家が上陸したとされる「志度桶《しとおけ》ビーチ」……。どれも驚くほど透明度が高く、静かで、何時間も眺めていられそうでした。

　なかでも私が心を打たれたのは、島の北端にあるハワイビーチです。ハワイ旅行から帰った島の人が、このビーチを見て、「まるでハワイのようだ！」と叫んだことからこの名がついたと言われています。海は何層もの色になっていて、潮の満ち引きで時間帯ごとにさまざまな表情が見られるので、滞在中は時間帯を変えて何度も訪れ、景色を楽しみました。いつ訪れても誰もいない静かな海をひとり占めできて、とても贅沢な時間となりました。決して広いとは言えないのですが、浅瀬があり、少し海に入るだけでサンゴや数多くの魚たちが足元で間近で見られます。「喜界島はこの海を見るだけでも訪れる価値がある」。そう言い切れるほどの美しさでした。

6 サトウキビの一本道。豪雨の被害で通ることはできませんでしたが 3.5kmの直線は見ものです！
7 サトウキビ畑が広がるのどかな風景

島内唯一のコンクリート製

8「戦闘指揮所跡」が残るのは国内でもここだけ 9 戦闘機を敵の攻撃から守るための格納庫「掩体壕」。島内唯一のコンクリート製が「メンハナ公園」の近くに残っています

50年に一度の大豪雨のあとで

私は2017年9月に奄美群島を巡る旅で喜界島を訪れました。喜界島の周囲は約50kmと自転車で回るには少し広く、レンタカーで回ることに決め、空港から歩いてすぐのレンタカー店で車を手配しました。このとき店の人が島内の地図をくださったのですが、同時に前の週に50年に一度の大豪雨があり各地が通行止めになっているとの説明が……。

そこで翌日は役場へ出かけ、島内の詳細な道路状況と通行止めの箇所を教えてもらうことにしました。すると想像よりはるかに多くの通行止めが発覚……！ 幸いビーチに影響はなく海は楽しめたので、通行可能な道へ迂回しながら島内のドライブへ出かけました。

2泊3日の滞在中は天気も良かったのですが、大豪雨で各所に土砂崩れなどの被害が残っていた島内。なかでも衝撃的だったのは喜界島の名所「サトウキビの1本道」でした。サトウキビ畑の中を3.5kmの直線が通り抜けるこの道は大豪雨による洪水で道路が大陥没。残念ながら走り抜けることはできませんでしたが、遠くからの景観を楽しみました。

島随一の絶景スポットといえば、奄美十景のひとつにも数えられる「百之台《ひゃくのだい》国立公園」

10「志度桶海水浴場」。壇ノ浦の戦いに敗れた平家一族が1202年に上陸したと言われる「沖名泊」にあります　11 公園全体が遠浅の海になっている「塩道長浜公園」。昔は幼稚園児たちのプール代わりになっていたそうです

11

10

14

12

13

12 樹齢100年を超えるガジュマルの巨木。島内には「蒲生の夫婦ガジュマル」と呼ばれる、道路を挟んでそびえ立つ2本の巨大なガジュマルもあり、そちらの樹齢は推定850年！　13 西側の集落にはサンゴの石垣があまり見られませんでした　14 喜界島の街並みによく見られるサンゴ石の石垣。特に東側の「阿伝（あでん）集落」に多く見られます

です。山道で通行止めとぶつかり、幾度となくバック運転で戻りながら、迂回を重ねたどり着いた展望台は、その苦労を忘れさせる素晴らしいものでした。

島の最高地点にあたる「七島鼻《しちとうばな》」からの眺望も欠かせません。標高211・96mにあることから「ポイント211」と呼ばれますが、サンゴが隆起してできた喜界島は今もなお、年間で2㎜ずつ隆起し続けており、これは世界でもトップクラスのスピードだそうです。「七島鼻」には戦時中は敵機襲来をいち早くとらえ戦闘部隊へ報告する「電波探知（レーダー）基地」が設置されており、今も通信所跡が残っています。太平洋戦争後期に旧日本軍の特攻機の基地となっていた喜界島は集落内にもいくつか遺跡が残っており、例えば「湾」という集落には、戦闘機をかくまい、整備場にもなっていた「掩体壕《えんたいごう》跡」と特攻機への指揮命令が行われていた「戦闘指揮所跡」が。特に「戦闘指揮所跡」が建物として現存するのは国内では喜界島だけだそうです。

ハブのいない喜界島ではサンゴ石を積み上げた石垣が多く存在しますが、西側の集落でこれがほとんど見られないのは、戦時中に受けた空襲により、空いた穴をサンゴ石で埋めたからだと言われているそうです。

遠浅の海が続く「池治海水浴場」。海面に空が映り、まるでウユニ塩湖のよう

KIKAIJIMA

愛媛県今治市・大島の亀老山展望公園。瀬戸内海には国内のほかの海域では見られない「多島美」の風景が広がります。無人島も入れると約700以上、有人離島は約130。（沖縄の海に属する有人離島は約40）。初めて見た時は、海にボコボコと存在する数の多さに独特の美しさを感じました。その昔、海賊や水軍が栄えたというのも納得です

no. 5

瀬戸内を結ぶサイクリストの聖地

しまなみ海道

しまなみかいどう

広島県〜愛媛県

島 DATA

全長 約70km（尾道〜今治）

所要 3〜10時間

行きやすさ ★★★☆☆
難易度 ★★☆☆☆
サイクリング度 ★★★★★

島の情報

広島県尾道市から愛媛県今治市までの離島を繋ぐ橋。サイクリストの聖地と呼ばれ、自転車専用道路もある。しまなみ海道全線を突破するには、上級ライダーで3時間、初心者なら8〜10時間は必要。

アクセス

広島県尾道市または愛媛県今治市からアクセス。

自転車で海の上を走れる！

広島県尾道市から愛媛県今治市までの6つの島を結ぶ「しまなみ海道（西瀬戸自動車道）」。その最大の魅力は、海の上を自転車で走れることです。自転車専用道があり全長約60km（自転車道は約70km）で、「サイクリストの聖地」と呼ばれています。

私は2017年5月に、尾道を起点に今治へ向かう「向島《むかいしま》—因島《いんのしま》—生口島《いくちじま》—大三島《おおみしま》—伯方島《はかたじま》—大島」のルートで訪れました。サイクリングで長距離を目指す場合はクロスバイクがおすすめ。事前予約の時点ですでにクロスバイクの予約が満員だったので私は別の自転車を借りましたが、サイクリング後半で自

SHIMANAMIKAIDO

© Hiroko / PIXTA

転車の性能を恨めしく思うことになりました……。このエリアの宿泊先には自転車の持ち込み体制が整っているところが多いので、こだわりのある人は持ち込むのがベストです！

尾道から向島までは「日本一短い船旅」と呼ばれる尾道渡船を利用しました。２００円程度で自転車のまま乗船が可能で、５分も経たずに対岸へ。向島から先は、各離島間に架かる橋を渡り、海の上をサイクリングしながら次の離島へと移動しました。

橋はすべて異なる形状で「橋の美術館」とも呼ばれ、眺めも素晴らしいのですが、自転車で橋へと登る坂道のアップダウンが予想以上にキツい！当初は尾道から今治まで行き折り返す往復１４０㎞、約10時間の行程を予定していましたが、途中の大三島で足の疲労を考慮し折り返すことに。ヘトヘトで尾道に戻ったときは自転車返却時間ギリギリでした。翌日は急きょレンタカーを借りて尾道から今治へ向かい、あっという間に到着しました。

海の上で自転車に乗るのが醍醐味なので、途中で宿をとり2日かけて走破するなど、無理のない範囲でサイクリングのスケジュールを立てることをおすすめします。島ごとに、グルメやビューポイントがあるのでぜひ寄り道をしながら楽しんでみてください。

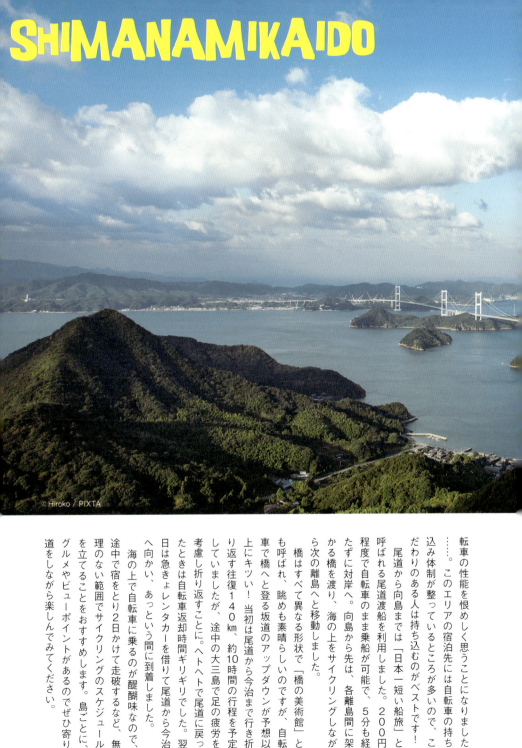

尾道

1 宿泊したゲストハウス「みはらし亭」。尾道に前泊し、レンタサイクル（予約必須）を利用するため、朝一でサイクルステーションへ向かいました　2 みはらし亭からの眺め。300 段の石段を登った先に位置。石段があるので荷物は軽めに！尾道の街並みと瀬戸内海が見渡せます

1

2

フェリー

3

3 尾道から向島へ渡る向島渡船。日本一短い船旅と言われるだけあり、あっという間に対岸へ

向島

4

4「休憩所むかいしま。」軽食が売っていました　5・6・7 向島にある「住田製パン所」建物は明治２年の建築でレトロなパンが並びます。サイクリングのお供に特売のあげあんぱんを購入

5

6

7

11

因島

8「しまなみドルチェ本店」のジェラート。瀬戸田のレモン＆瀬戸田のデコみかん味　9「島の駅しまなみ１（ワン）」では瀬戸田産の柑橘をしぼった「そのまんま 100% ジュース」が売っています　10「はっさく屋」のはっさく大福。因島発祥のはっさくの実を包んだ手作り大福。すべて手作業で作っているそうです　11 因島と生口島を結ぶ「生口大橋」

8

10

9

SHIMANAMI

生口島

12 多々羅大橋。建設当時は世界最長の斜張橋でした。生口島と大三島を結び、橋の途中に広島県と愛媛県の県境があります　13 生口島の風景　14・15 昼食は「蛸処 頴」にて。たこ飯定食をいただきました

12

13

14

15

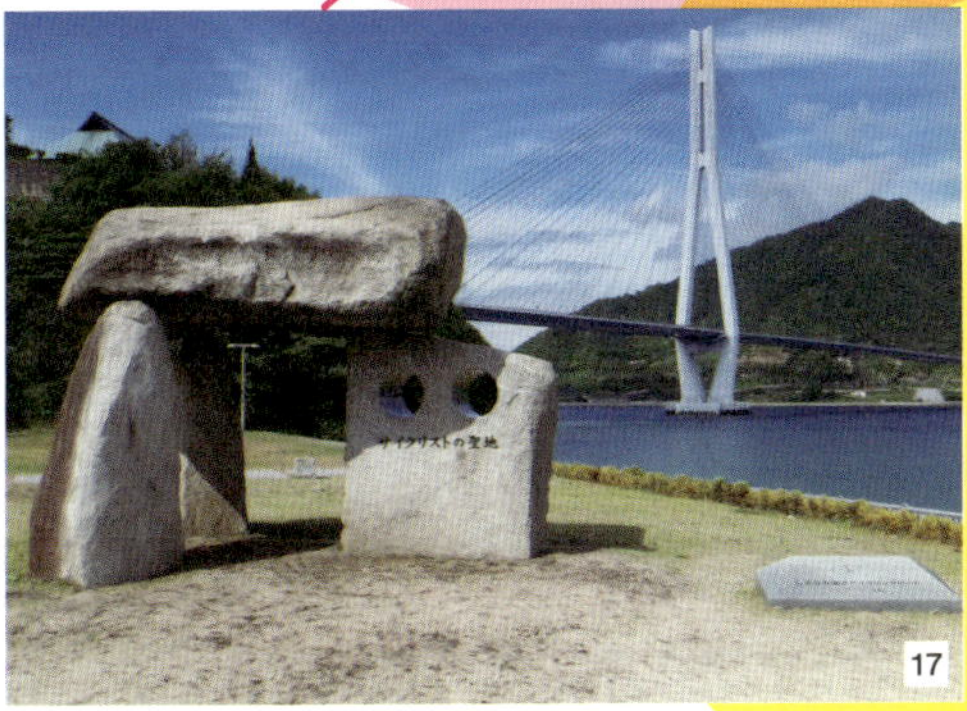
17

大三島

16 多々羅大橋の途中で発見！ 広島と愛媛の県境　17「道の駅 多々羅しまなみ公園」内にあるサイクリスト聖地碑

16

伯方島

18・19 2日目の昼食は、伯方の塩をベースにした「伯方の塩ラーメン さんわ」の「伯方の塩ラーメン」で

18

19

大島

20 海道の随所に道の駅があり、おみやげの購入もできて便利。大島にある道の駅「よしうみいきいき館」では好きな海の幸を選んで七輪でバーベキューができます　21 絶景ポイント亀老山展望公園展望台にて。入口には「亀老山」の由来である亀の石像が！　22 道の駅で購入した愛媛名物「じゃこ天」

20

22

21

no. 6

海と山とビール！ 神の集う島

神津島《こうづしま》

東京都 伊豆諸島

1 神津島の北の岩場にある500mの木の遊歩道「赤崎遊歩道」。飛び込み台から海にダイブ！
2 海から眺めると白い山肌が美しい「天上山」。山頂には月面のような裏砂漠が

天上山はトレッキングもおすすめ！

島 DATA

面積 18.58㎢
周囲 22km
人口 1901人
（平成30年6月神津島村役場HP）

行きやすさ ★★★★★
難易度 ★☆☆☆☆
海とビール度 ★★★★★

島の情報

東京から南へ約180kmに位置。伊豆諸島の有人島としては最も西に位置する島で、ひょうたん型をしているのが特徴。海上から見ても存在感が圧倒的な白い山肌の「天上山」（標高572m）と白浜のビーチが魅力。

アクセス

✈ 東京都・調布飛行場から航空便（新中央航空）で45分。往路、復路ともに1日3便。
🚢 東京都・竹芝桟橋ターミナルから高速ジェット船で3時間45分、大型客船で12時間。下田港から大型客船で2時間20分。季節によって便数・時刻に変動あり。

海と山とビールを楽しむ東京の島

式根島（P.10）と同様に、東京在住なら週末に気軽に訪問できる神津島。調布飛行場からプロペラ機で45分、竹芝桟橋からはジェット船で3時間45分というアクセスの良さが魅力です。集落は島の西側にひとつだけなので、集落の散策は徒歩でも十分回れますが、日帰りだと少し忙しいので宿泊がおすすめ。民宿・旅館・ホテル・ゲストハウスがあるので、好きなスタイルでご予約を。

「神津島」という名前の由来は、伊豆諸島を創造するために7人の神々が集まったという伝説から。昔は「神集島」と書いていたそうです。この島には多くの民話が残されていますが、特に有名なのは「伊豆諸島水配り伝説」。島の中心をなす白い山肌の「天上山《てんじょうさん》」に伊豆諸島の神々が集まり、水をどのように分ける

3 島の南東部に位置する「三浦湾展望台」からの風景。空港に向かう途中にあり、三宅島や御蔵島を望める。天気がよければ八丈島まで見えることも！ 夜は星空観察ができ、初日の出のスポットとしても知られています。昼にも夜にもおすすめの展望台 4 神津島港から南に約 1km 広がる「前浜海岸」

ビールがアツイ!!

2017 年にオープンした伊豆諸島初のクラフトビールのブルーパブ「Hyuga brewery」。伊豆諸島名産の「明日葉」を使用したビールと島の特産を活かした料理が楽しめます。

5 集落から「前浜海岸」に続く道。レンタサイクルを利用して海岸沿いを北端から南端までサイクリングすると展望スポットやいろいろな海岸の風景を楽しめます 6 東京名湧水 57 選に指定されている「多幸湧水」。飲めば幸せがやって来るとか…!? 7「よっちゃーれ センター」2F にある海鮮料理レストランは昼食スポットにぴったり。海鮮ヅケ丼定食は明日葉の天ぷらと汁物付きでした

かを決める話し合いが行われた、という言い伝えです。現在も水が有名で、島内には東京名湧水57選に指定されている「多幸湧水」「つづき湧水」があります。

天上山は船上から眺めるのも美しいですが、登山用の靴と服装を準備してトレッキングへ出かけてみてください。所要時間はコースによって3~5時間ほど。山頂から見下ろす海や、月面のような「裏砂漠」、運がよければ、降雨がたまってハート形になる「不動池」を見ることができます。そして、トレッキングで疲れたら温泉保養センターへ。水着着用の広い露天風呂からは海が見渡せて、まさに〝極楽〟です！

夏季は島の北にある「赤崎遊歩道」もぜひ。海の岩場を巡るように木製の遊歩道が500mほど続き、橋に設けられた飛び込み台からは海へ飛び込むこともできます。また、島の南にある隠れたおすすめスポットが「千両池」。険しい岩場を下らなければならず、真夏はかなりハードですが、その先に広がる秘境感満載の入り江に感動すること間違いなし！

2017年には伊豆諸島初となるクラフトビールのブルーパブがオープンし、新たな名所に。神話とカルチャーが融合し、ますます魅力的な島に進化しています。

三原山から眺める「八丈富士」。火口は直径400m、深さ50mで、井戸状に陥没しているのが特徴です。この形状の火口は日本では珍しいのだとか！ グルメ、自然、温泉、マリンアクティビティと、レジャーが充実しているので、アウトドア派にイチオシな島です

no. 7

羽田から55分のリゾート

八丈島《はちじょうじま》

東京都 伊豆諸島

東京からすぐのリゾートアイランド

羽田空港から全日空のジェット機で55分と、都内在住者にとっては絶好のアクセス。ひょうたん型をしており、あの「ひょっこりひょうたん島」のモデルとも言われています。黒潮の影響による海洋性亜熱帯気候で、1年を通して暖かく、島内には熱帯の植物も。島全体に南国感が漂い、週末を使ってリゾートアイランド気分を味わえます。

島の西側には標高854m「八丈富士」、東側には標高764mの「三原山」があり、トレッキングには八丈富士がおすすめ。階段を1200段（！）ほど登りますが、登山靴ではなくスニーカーなどの軽装でもOK。山頂へは1時間ほどでたどり着きます。私が訪れたのは1月で冬の時期だったので、山頂には少し雪が残っていましたが、1月のわりに

島 DATA

面積 69.11㎢
周囲 58.91㎞
人口 7613人
（平成27年国勢調査）

行きやすさ ★★★★★
難易度 ★☆☆☆☆
リゾート気分 ★★★★★

島の情報

西と東に「八丈富士」と「三原山」がそびえるひょうたん型の島。1年を通して暖かく、ビーチ、ハイキング、温泉、シュノーケリーング、サーフィン、釣りなど多種多様なアクティビティを楽しめる。少し甘めの酢飯にカラシをつけて握る郷土料理の島寿司、明日葉などグルメも充実。

アクセス

✈ 羽田空港からANAの定期航空便が1日3便運航、片道55分。
🚢 東京都・竹芝桟橋ターミナルからから八丈島・底土港または八重根港まで、大型フェリー・東海汽船の「橘丸」が1日1往復運航、片道10時間。

HACHIJOJIMA

島内には数軒リゾートホテルがあり、私が宿泊したのはクラシカルな「リードパークリゾート八丈島」。敷地内にはプールもあり、お部屋や大浴場からも海が見渡せます

石積ヶ鼻（いしづみがはな）の高台に建つ「八丈島灯台」。海洋性亜熱帯気候のため、1年を通して暖かい“常春の島”。1月でも冬らしからぬ光景が広がります

「あそこ寿司」でいただいた地魚を使った握り。大将がネタの説明をしてくれます。隣に座ったおじさんから、お裾分けにトビウオのお刺身いただきました

遠くに八丈富士を望む海岸線。滝の裏側を歩ける「裏見ヶ滝」、約100種の熱帯・亜熱帯の植物が無料で楽しめる「八丈植物公園」など、自然の見どころも満載です

空港前の通り。ヤシなど熱帯の植物が立ち並び、南国の雰囲気が漂います。自然や歴史を学べるスポットや温泉やBBQなどの施設も充実しており、とても観光しやすい島です

八丈島から望む「八丈小島」。日本で唯一、町村総会が設置され、直接民主制が実施されていた稀な地域でしたが、現在は無人島に。釣りをしに漁船で渡る人もいます

はそこまで寒くありませんでした。山頂では、360度に広がる景色を楽しみながら火口の縁を一周する「お鉢巡り」も体験できます。

温泉も有名な八丈島。島内には7つの温泉があり、うち3つが無料です。有料の「みはらしの湯」の露天風呂からの眺めがとにかく絶景！　また、無料の「裏見ヶ滝温泉」はその立地に驚かされます。というのもこの温泉、道端に看板とともに下駄箱が設置されており、靴を脱いで階段を降りると、まるでジャングルのような場所にしっかりとした露天風呂（要水着着用）が設置されているんです。「なぜ、こんなところに!?」としか思えないロケーションにびっくりですが、なんともワイルドな入浴を楽しめます。

60年代には〝日本のハワイ〟と呼ばれ人気の新婚旅行先だった八丈島。70年代に入り海外旅行制限が廃止されると実際のハワイが身近になり観光客は激減しました。それにより、当時の巨大リゾートホテルの一部は現在、廃墟ホテルに。しかしこれがまた、一部マニアの間で人気を集めているんだとか。

島内を回るのに便利なレンタカーは24時間3000円と格安なのもうれしいポイント。近年はオシャレなカフェも増えてきているので、カフェ巡りをしても楽しめそうです。

離島の一期一会
～島での出会い❷～

EPISODE 4
喜界島での充電器紛失事件

奄美群島を旅していた際、与路島（P.104）の民宿に携帯の充電器を忘れたことを、喜界島（P.30）で気付きました。与路島から喜界島までは、奄美大島と加計呂麻島を経由し何時間もかけて移動していて、簡単には行き来できない場所。離島の旅でこのような忘れ物は本当に気を付けなくてはなりません……。

幸い、喜界島には総合スーパーや携帯ショップがありましたが、遅い時間だったのですでに携帯ショップは閉店。2軒のスーパーのうち、まだ営業していたお店を訪ねると、充電器の取り扱いはなく、先に閉店したもう1軒では取り扱いがあるとのこと。翌日の充電時間のロスを悩んでいると、パートさんが店内の内線で私の携帯電話に対応している充電器を持っている人を探し、ここで充電していくようにと提案してくれました。確かに困ってはいたけれど「今すぐ電池が切れそうっていうわけじゃないんだけどな……」と思いながらも、その心づかいがとてもうれしく、スーパーの事務所に携帯を預け、駐車場の灯りで読書しながら閉店までの40分間、携帯が充電されるのを待ちました。

その後、中途半端にひとつだけ充電目盛りが増えた携帯を持って宿泊先のホテルに帰ると、ノロントで普通に充電器を貸してもらえたという……。まあ、だいたいオチなんてこんなものです。

EPISODE 5
利尻島で出会った軽トラのヒーロー

利尻島（P.52）を旅した時のこと。夜中に風の音で目が覚めると、地震と勘違いするほど民宿が揺れ「このまま風に吹き飛ばされるかも……！」と恐怖に駆られました。しかし翌朝には、嵐が去ったように陽が射していたので、少し長めのサイクリングへ。途中までは気持ちの良いサイクリングだったはずが、徐々に風が強くなり雨がパラパラ……。ちょうど半周したくらいのところで、ものすごい勢いの暴風雨に襲われてしまいました。

海から吹き付ける風があまりに強く自転車を漕ぐことを断念。さらに全身を正面から叩きつける滝のような雨で、顔を上げることすらできません。後ろから軽トラックが通り過ぎても、気付くのが遅れて手を振ることができず、気分は絶望の底……。「予定していた夕方のフェリーに乗れないかも」と後悔しながら、ふと気付くと先ほどの軽トラックが引き返してくるではありませんか！おじさんが「早く乗りなさい！」と自転車を荷台に積み、民宿まで送ってくれました。

車中での会話は方言が強く、何を言っているか全く聞き取れず……。最初は二度三度と聞き返していたのですが、それも失礼な気がして、途中からは聞き取れなくてもそれっぽい相槌を打つだけに。聞き取れたのは「この先でホタテの養殖をやっている」ことくらいでした。おじさんは民宿で私を降ろすとあっという間に去ってしまい、きちんとお礼も伝えられないまま夕方のフェリーで利尻島を発ちました。

のちにお会いした利尻島の方に当時の断片的な情報を伝えると「ホタテなら、佐々木さんかなあ?」という回答を頂きました。佐々木さん(?)にいつかお礼を言える機会があればいいな……!

EPISODE 6 礼文島の不思議なユースホステル

礼文島(P.48)の旅では「桃岩荘」というユースホステルに宿泊しました。沖縄の波照間島(P.78)で「たましろ」というパンチの効いた民宿に宿泊した際、同部屋だった女性に「礼文島に行くことがあったら、ぜひ桃岩荘に泊まってみて。〝北の桃岩、南のたましろ〟って言って本当にすごいから」と勧められたのがキッカケ。最北端に行く人は最南端にも行くことが多く、両宿での再会ということもあるそうです。

たましろもかなり衝撃的だったので桃岩荘はどんなものだろうと思いましたが、予想をはるかに超えていました。港に迎えに来たトラックの荷台に乗せられ宿まで移動すると、道中で敷地内では日本時間と30分時差があることや合言葉などの説明を受けます。到着すると、大声で「おかえりなさーい!」と迎えられ、夕食後にはミーティングという名の宴で、歌や踊りをさせられます。30人前後の大人が歌って踊るのはかなり怪しく不思議な光景。でも、あの場にいる間は深く考えてはいけないのでしょう。2日目には「やらないほうが恥」と気が付きます。

桃岩荘は「鰊御殿《にしんごてん》」を改装して造られ、昭和42年から夏季限定で営業しています。十数名いるヘルパーたちは自分と歳の近い人ばかり。話を聞くと、一度社会に出たものの何らかの理由で会社を辞めた人が多いようです。日本一周の途中で宿泊し、翌年ヘルパーになったという人も。また社会に戻っていくので数年で交替するそうですが、入れ替わっても新しいヘルパーやお客さんが伝統を踏襲しているのでしょう。

礼文島を出発する時は港までヘルパーたちがやって来て、フェリーが見えなくなるまで踊りながら見送ってくれました。礼文島の港での名物風景だそうです。個性の強い宿なので、初日で出ていってしまう人もいれば毎年訪れる人もいるそうですが、今度は文字通り「おかえりなさい」と言われたいです。

どの離島に行こう？

～島の選び方について～

まずは、自分が一番気になる離島へ行くのが一番。「あの風景を自分の目で見たい！」「あの宿に泊まりたい！」など、目当てとなる離島へ行ってみることをおすすめします。私が離島を選ぶときも、同じように「あの絶景が見たい！」「あの宿に泊まりたい！」「こんな秘島がある！」からスタートすることが多いです。私の場合はアクセスが悪く簡単に行けないと聞くと、ことさら興味がわいてきてしまいますが……（笑）。

また、その際にひとつの目安とするのが離島のサイズ。現地を肌身に感じられるので自転車を使って島の中を散策するのが好きなのですが、滞在中の限られた時間や体力を考えると、起伏が激しくなく、周囲が 20 ～ 30㎞くらいまでがサイクリング向き、というのが私の持論。この基準を、あくまで目安程度に参考にしています。それぞれの離島にさまざまな個性があり、どれも魅力的ですが、私は個人的に前述のものが一番好きな旅のサイズです。

人口もまたひとつの指標になります。人口が 2000 人以上いると、スーパーが何軒かあり、飲食店や居酒屋も増えたり、民宿だけでなくホテルもあったりします。逆に人口が 300 人以下になるとスーパーではなく、商店のような店構えになったり、飲食店も数軒になったり。さらに、100 人以下になると飲食店がひとつもない場合が増えます。これもあくまで目安で、もちろん例外もあります。のんびり何もしない時間を過ごすのか、探検してアクティブに過ごすのか、地元の人と交流を楽しむのか。どのような旅にしたいかという、スタイルで選ぶことができるのも離島のおもしろさです。

東京から週末だけでふらっと行けるアクセスのいい島もあれば、週に 1 ～ 2 回しか船が出ず、最低でも 1 週間近くかかる島もあります。周囲にいくつかの離島がある諸島や群島などは 1 回の旅でいくつかの島を回るという楽しみも。季節によって食べられるもの、見られる風景、参加できるお祭りなども変わってくるので、スケジュールや予算と相談しながら旅を計画してみてください。

INTERMEDIATE

中級

中級者編

ちょっと慣れたら行ってみたい!

no. 8

雄大な自然を臨む最北の島

礼文島《れぶんとう》

北海道

1島北端の集落内の風景　2バスを使って島の北端へ　3スコトン岬の南にある「ゴロタ岬」からの眺め　4島の北端の道　5小学校跡

雄大な景色を眺めながらトレッキング

北海道の北の端、稚内港からフェリーで約2時間の礼文島は、北方領土を除く有人離島では最北端。南の離島とは異なる、北の離島ならではの雄大な景色が広がります。

島名はアイヌ語の「レプン・シリ」（沖の島）に由来し、「香深《カフカ》港」など、島内にはアイヌ語由来の地名が多く存在。緯度が高く、気候が冷涼なので、本州では標高2500m以上の高地にのみ生息する植物が海抜0mから生息し、〝花の浮島〟とも呼ばれています。

西側は断崖絶壁なので、車両が通行できるのはゆるやかな地形の東側のみ。そのため、島内を車で一周することはできませんが、西側と中央部には林道があり、トレッキング・ハイキングのコースが充実しています。コース途中の岬や高台からの眺望が雄大で素晴ら

島 DATA

面積 81.33㎢
周囲 72km
人口 2571人
(平成30年6月礼文島HP)

行きやすさ ★★☆☆☆
難易度 ★★☆☆☆
トレッキング度 ★★★★★

島の情報

北海道・稚内市の西方60kmの日本海に位置する、日本海最北の離島。南北29km、東西8kmと南北に長く、西海岸側は断崖絶壁。緯度が高く冷涼な気候のため、本州では標高2500m以上にしか生息しない高山植物が海抜0mから生息し「花の浮島」と呼ばれる。

アクセス

空路はなく、航路のみ。稚内港からフェリーで1時間55分。利尻島（P.52）を行き来するフェリー（利尻・礼文航路）もあり、片道の所要時間は約45分。なお、稚内空港から稚内港までは連絡バスで35分、稚内駅からは徒歩15分。

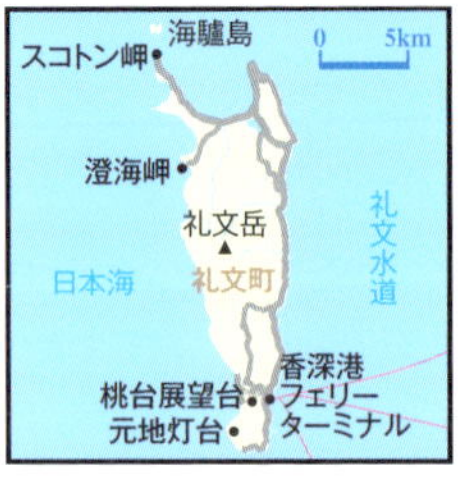

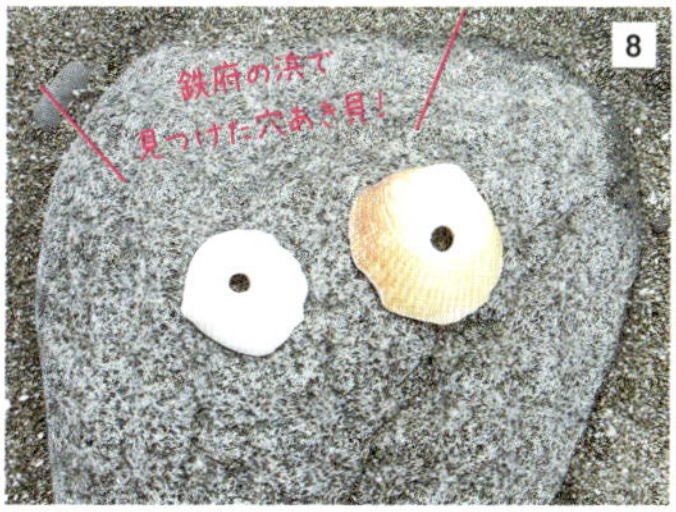

6「桃台猫台」と呼ばれる展望台からの眺め。海側には猫岩、山側には桃岩が見えます　7 ゴロタ岬から澄海岬へ歩く途中に通る集落「鉄府」　8 鉄府の浜では穴あき貝が見られます

しく、前述の高山植物の観察もできるので、トレッキングでの散策を特におすすめしたい島です。夏でも天気により涼しい日があるので、装備には必ず一枚多めに羽織るものを準備したいところ。雨天時の無理は禁物です。

島内の移動は、レンタカーが車種によっては3時間で1万円とほかの島に比べて少し割高な印象。私はバスを使って移動しました。島の北端のスコトン岬からは、天気が良い日はサハリンを望めます。

トレッキングのコースには眺めの良い岬を歩く約4時間のコース、北端から南端までの20㎞弱を歩く「愛とロマンの8時間コース」（後述の「桃岩荘ユースホステル」（P.51）が〝最初は顔も名前も知らない旅人同士が、共に歩くうちに友情が芽生え、愛が生まれ、ロマンに発展する〟ということから命名）など6つのコースがあります。絶景ポイントは、ゴロタ岬からの眺めと、島の南側の桃台猫台《ももだいねこだい》からの眺め。北端の島らしいとにかく雄大な風景です。また、ゴロタ岬から澄海《すかい》岬へ向かう「鉄府《てっぷ》の浜」では珍しい穴あき貝を拾うことができます。巻貝が二枚貝に穴を開けるのだとか。

9 夜明け前の桃岩。岩の間からちょこんと顔を出す姿が桃の形　10 桃岩荘で月曜日に行われる「ミーティング」の様子　11 桃岩荘の食事は給食のようでした　12 桃岩荘名物のお見送り　13 桃岩荘の館内。壁には歌の歌詞が貼られ、ミーティングで歌います

とれたての海の幸を堪能！

礼文島や利尻島（P.52）でよく見かけるのが屋外に昆布を干す風景。主に京都の料亭などに卸される高級昆布「利尻昆布」の名産地で、7〜9月にかけて島のいたるところで見られ風物詩となっています。特に、利尻昆布の中でも、礼文島・香深産は最上級とされているそうです。

礼文島も利尻島も、海の幸が豊富で、グルメは絶対にはずせません。中でも採れたてを楽しみたいのが、ウニ。最高級と言われるものに、6〜8月にとれるエゾバフンウニ、5〜9月にとれるキタムラサキウニがあります。首都圏で食べるウニは形が崩れるのを防ぐため、ほとんどの商品にミョウバンが入っていて少し苦味がありますが、利尻島・礼文島でとれたてを食べたらきっと衝撃を受けるはず。ユニークだったのは「食事処 酒壺」で提供される、ウニ丼ならぬ「丼ウニ」というメニュー。通常のウニ丼も3500円で食べられますが、「丼ウニ」はご飯とウニが逆転していて、どんぶりに詰まった大量のウニに、具として飯がのって3万円。勇気がある方はぜひチャレンジを！　旬の時期に訪れたら、北の島だからこそ味わえるグルメをたっぷり

REBUNTO

14 夜明け前の猫岩　15 夕陽がとてもきれいでした

15

14

20

21

20 桃岩荘へ向かう道のうしろにそびえる岩の存在感がすごい　21 桃岩荘から向かう途中、島の南側から北側の眺め。雄大さに心を奪われました

17

16

16 目の前でほっけのちゃんちゃん焼きをしてくれる「海鮮処 かふか」もおすすめです　17 とれたてのウニがどっさりのったウニいくら丼に感動

18・19 昆布があちこちに干される、この島ならではの風景。京都の料亭でも使われる最高級食材の利尻昆布はこうして作られます

19

18

堪能してください。

クレイジーな宿、桃岩荘ユースホステル

礼文島で宿泊したのは、南端にある「桃岩荘ユースホステル」。6～9月の4カ月間のみ営業している宿泊施設です。敷地内での飲酒は禁止、22時消灯・6時起床、時刻が日本時間より30分早く設定されていて、夜には「ミーティング」という名の歌って踊る宴があるなど、独特のルールを持つ大変個性の強い宿です。そのため、人によって合う、合わないはあるようですが、礼文島の名物宿となっています。

桃岩荘の庭からは、宿の名の由来になっている桃の形をした「桃岩」や、海に浮かぶ猫の形をした「猫岩」を眺めることができます。日没と夜明け前の時間それぞれに、本当に素晴らしい風景が広がります。また、宿泊者が島から帰る際に、港にてフェリーが見えなくなるまで盛大に踊る恒例の〝お見送り〟も島の名物のひとつ。宿泊した初日はミーティングに参加することすらどこか恥ずかしかったのですが、2日目になると慣れてくるもので、自分が帰る際、本当に姿が見えなくなるまで見送ってもらえたのはうれしかったです。

no. 9

利尻島

りしりとう

北海道

名峰を中央に頂く円形の島

1 利尻島を一周しながらの眺め。島をぐるりと囲む海沿いを走る外周道路から。この日は天候の影響で風が強く、少し高波でした 2 サイクリング途中の風景 3 利尻島の中央にそびえる利尻富士。快晴であればくっきり見えます

島 DATA

面積 182.09㎢

周囲 50.1km

人口 5090人
（平成27年国勢調査）

行きやすさ	★★☆☆☆
難易度	★★☆☆☆
グルメ度	★★★★★

島の情報

稚内市から西へ約52km。中央に「白い恋人」のパッケージのモデルとなった利尻富士（利尻山）がそびえる円形の島。島の西側の「利尻町」と東側の「利尻富士町」、2つの町からなる。

アクセス

✈ 新千歳空港からANA、札幌丘珠空港からはHAC（北海道エアシステム）が運航している。それぞれ1日1便、所要時間は約50分。

⛴ 沓形（くつがた）港と鴛泊（おしどまり）港、2つの港がある。稚内港から鴛泊港までフェリーで1時間40分。礼文島（P.48）を往復する便は片道約45分。

中央にそびえる雄大な利尻富士

利尻島には礼文島（P.48）の香深《かふか》港を結ぶフェリーもあるので、セットで旅するのもおすすめ。私も2つの島を一度に訪れました。

島の名前は「リ・シリ（高い島）」というアイヌ語に由来。シンボルは島の中央に高くそびえる標高は約1700mの利尻富士（利尻山）です。日本百名山に名を連ね、各地からの登山客も多く訪れます。利尻富士は船上からもその姿を確認できますが、おすすめビューポイントは島の南側にある「オタトマリ沼」。また、利尻富士は北海道名菓「白い恋人」のパッケージにもなっているのですが、〝白い恋人の丘〟と名付けられたオタトマリ沼の展望台からは、「白い恋人」とほぼ同じアングルの景色を見ることができます。さらに、この丘でプロポーズをするとプロポーズ

4 利尻富士町に属する無人島「ポンモシリ島」。アイヌ語で「小さな島」という意味です　5「富士野園地」からはポンモシリ島を間近に見ることができます。展望台から撮影

湧き水も有名です！

7 利尻島には4つの湧水があります。こちらは西海岸側の「麗峰湧水」

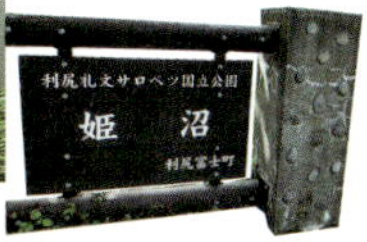

6「姫沼」は周囲約800mの人口湖。湧き水をせき止め、ヒメマスを放流したことからその名がつきました。晴天時は水面に利尻山が映ります

これで利尻にやってきました！

8 礼文島から乗船した「ハートランドフェリー」の船内　9 海上から見た利尻島。島そのものが利尻山の形をしています

証明書が発行され、恋人たちにも人気です。

北側にある「姫沼《ひめぬま》」も絶景ビューポイント。天気がよければ湖面に利尻富士が映し出され、逆さ富士のように美しい光景が広がります。残念ながら私が訪れたときは嵐の直前で、水面は波立ち、水も濁っていたので見ることはできませんでした……。

利尻島を一周する車道は50㎞強。北西部にはサイクリングロードもあり、天気がよければレンタサイクルを利用するのもおすすめです。私は昼食込み5〜6時間想定で一周サイクリングにチャレンジしましたが、残念ながら悪天候により半周で断念となりました。時間に限りのある方はレンタカーの利用が安心。4時間程度で島内一周＋前述の主要ポイントを回ることができます。

また、利尻島でぜひ食べてほしいのが、鴛泊港のフェリーターミナル2階にある食堂 丸善の「うにめし丼」。利尻昆布とウニの煮汁で炊いたご飯の上に、生ウニとイクラがたっぷりとのっています。この旅で宿泊した、漁師さんが経営する民宿でいただいた〝ご主人がさっき採って来たウニ〟も最高でした。生ウニが食べられるのは4〜10月限定ですが、利尻島を訪れたらぜひ味わってみてください。

no. 10

「何もない」を楽しむ 飛島《とびしま》

山形県

「とびしま」で

揺れるので
船酔いに注意

1・2 定期船「とびしま」と船内。客船なので車を運ぶことはできません 3 飛島へのアクセスは「酒田港」から。無料駐車場があるので車でアクセスできるなら、パークアンドライドはスムーズです

サイクリングへ
GOGO!!!

4 日本有数の野鳥の飛来地としても知られ、バードウォッチングも人気。渡り鳥の季節である春と秋には多くのバードウォッチャーが訪れます 5 勝浦集落から中村集落への道 6 夏になると賑わいを見せる「小松浜」の海水浴場

「何もない」楽しみを見つける

酒田港から飛島までは定期船で約75分ですが、県外からだと酒田港までのアクセスになかなか時間がかかります。東京からだと新幹線で新潟駅へ行き、特急に乗り換えて酒田駅へ。さらに駅から港まではタクシーで向かいます。飛行機の場合は羽田空港からで庄内空港へ移動し、そこからリムジンバスと、乗り継ぎにひと苦労です。酒田港には隣接の無料駐車場があるので、港までのアクセスは車があるとスムーズかもしれません。私も酒田港まで車を利用して訪れました。

飛島の周囲は約10kmと小さく、日帰りで散策することも可能です。私は朝の船で行き、島内を散策後に夕方の船で帰りましたが、この島が持ついい意味での「何もなさ」を満喫するにはぜひ1泊で訪れてみてください。

島 DATA

面積 2.73㎢
周囲 10.2km
人口 204人
（平成27年国勢調査）

行きやすさ ★★☆☆☆
難易度 ★★★☆☆
何もない度 ★★★★★

島の情報

飛島は山形県酒田市から北西の沖合約40kmにある日本海の離島。県最北に位置するが年間平均気温12度と最も高い。三日月型の小さな島で、夏は海水浴客でも賑わう。山形県で唯一の離島だが、直線距離で一番近いのは秋田県。タクシー・バス・信号がないので、島内の散策は徒歩・自転車となる。

アクセス

山形県の酒田港から定期船とびしまが毎日運航。片道1時間15分。波が高いときなど、海の状態で欠航することもあるので天候に注意を。酒田港から自家用車の積載はできないが、港周辺には無料の駐車場がある。

TOBISHIMA

7 散策途中の高台から「小松浜」を上から眺めた風景。飛島の海水浴場はここのみです　8 目の前に見えるのは百合島

岩場を発見!!!

9・10・11 小松浜の端から先は「海岸遊歩道」という岩場の遊歩道になっています。これを進んでいくと「賽の河原」へ続きます

港の近くでごはん!

岩場を探検!

12 港へ続く道。移住者が増えてはいるそうですが、島の人口は以前の訪問時より減っており、現在は中学校の生徒がひとりに　13 昼食はマリンプラザの2階の食堂でいただきました。現在は道の駅になっているそうです

あっという間に島内を一周できるので、どう過ごすか考えるのも楽しめそうです。なお、島には数軒の旅館と民宿がありますが、宿泊の方は必ず早めのご予約を。4～10月のシーズン以外では営業も要確認です。

飛島では観光客向けに無料で自転車を貸してくれるので、私は自転車で散策しました。自転車は、食事もおすすめの「西村食堂」にて、簡単な手続きで借りることができます。自転車なら1～2時間もあれば十分に散策できるので、徒歩でじっくり歩いてみるのもいいかもしれません。

島内には謎の洞窟「テキ穴」、古代文字の刻まれた「刻線刻画石」がある「舘岩《たていわ》」など、変わったスポットも。多くの伝説がある「賽《さい》の河原」は、ここから石を持って帰ると不吉なことが起こると言われ、石を持ち帰るのは厳禁とされているので要注意です。

最近は「しまかへ」というカフェや、ハンバーガーショップ「CAFÉ BEYOND」もオープン。ちなみに「しまかへ」という店名は、島のおじいちゃんやおばあちゃんが「カフェ」を「かへ」と発音することに由来しているそう。以前は飲食の選択肢は片手で数えるほどだったので驚きです!

no. 11

ネコとアートの島

男木島《おぎじま》

香川県

1 段々状に連なる集落。歩いて回れる規模で、階段や家と家の間に細い路地が伸び、特徴的な景観が広がります。後ろにある山は「コミ山」と「ズッコ山」

2 集落の高台から。遠くに瀬戸内の島々が見えました　3 集落から「男木島灯台」へと続く道。自転車で15分ほど

島 DATA

面積 1.34㎢
周囲 7.29㎞
人口 163人
（平成30年5月高松市登録人口）

行きやすさ	★★★☆☆
難易度	★★☆☆☆
ネコとアート度	★★★★★

島の情報

香川県に属する瀬戸内の離島。瀬戸内国際芸術祭の舞台で島内にはアートが点在する。ネコが多く生息し、ネコを目当てに訪れる観光客も。

アクセス

高松港からフェリーが1日6往復運航。片道約35分。高松港はJR高松駅から徒歩10分程度と港へのアクセスも良好。

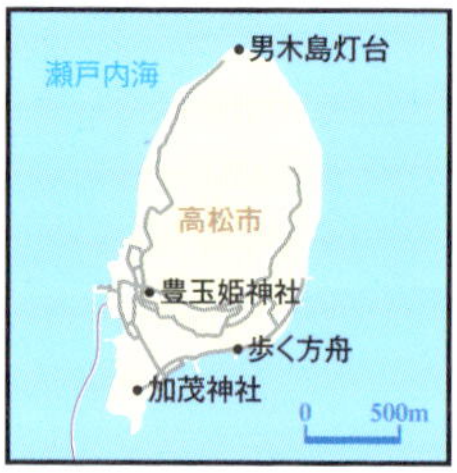

瀬戸内に浮かぶネコとアートの島

男木島は香川県高松港からフェリー「めおん」で約35分の瀬戸内の離島。島の周囲は約4㎞（海岸線全長は約7㎞）と小さめなので日帰りも可能ですが、私は瀬戸内の離島を巡る旅で訪れ1泊しました。お隣の女木島（P.58）とセットで「雌雄島」とも呼ばれ、両島はフェリーで20分の距離なので同時に訪れる人もたくさんいます。瀬戸内国際芸術祭の舞台でもあるので、繁忙期はフェリーがかなり混雑します。訪れる時期にはご注意を。

船で港に近づくとまず目に入るのは、段々に連なった集落と、その背景に広がる山。これこそが男木島を象徴する風景です。というのも、この島には平地が少なく、斜面に集落があるのが特徴。そのため人が住むエリアは階段状になっていて、車両は入れず、移動は

4 集落の中の路地。迷路のように細い路地の集落を散歩するのも楽しいです　5 小学校近くの高台からの風景。右奥に見えるのが女木島（P.58）　6 宿泊した「民宿さくら」と夕飯のたこ飯。魚介たっぷりのごはんでした

港の待合所がアート作品！
夜のライトアップもキレイ

7 港付近にある手荷物預かり所。数百円で預かってもらえるので、日帰り客にとってもうれしいスポットです　8 港の待合所「男木島交流館」。アート作品でもあり、風がないときは海面にその姿が映ります

アート巡りにも便利な
手荷物預かり所
手荷物預かり所
たこめし

徒歩がメインになります。

船が着く港には、離島ではあまり見かけないデザインの待合所が。これは芸術祭で制作された海外の作家の作品で、貝殻をイメージしたという白い屋根にさまざまな言語が表現されています。建物内ではおみやげなども販売し「男木交流館」として親しまれています。

港付近には数百円で手荷物を預かってくれる預かり所もあり、日帰りでの訪問や、アート作品の鑑賞で立ち寄る人に便利です。

港から続く参道を登ると古事記の海幸彦・山幸彦に出てくる女神が祀られる「豊玉姫神社」が。ここからの眺めは抜群でした。また、島の北端にある「男木島灯台」は日本に2基しかない無塗装灯台のひとつで、文化財的価値が高いのだとか。レンタサイクルを借りれば港から約15分です。

集落内には限定で開館する古民家をリノベーションした私設図書館「男木島図書館」や、オシャレなカフェ、アート作品が点在。名物はたこ飯で、宿泊した民宿で食べたものは絶品でした！民宿にはひとり旅中の女性客がたくさんいたので、夕食時に話を聞いてみるとネコとアート作品の写真を撮りにきたそうです。島内にはネコがたくさんいるので、ネコに会いに来る人も多いようです。

no. 12

鬼の伝説が残る鬼ヶ島
女木島《めぎじま》
香川県

1 北西からの季節風が吹き下ろす女木島。「オトシ」と呼ばれるこの強風から家を守るため、民家の周りには「オーテ」と呼ばれる石垣が築かれています。これは女木島ならではの景観だそうです　2 海沿いの道。気持ち良くサイクリングできました！

3 女木港とは反対側の集落の様子

4 レストランイアラ女木島。私が訪問した当時はカフェでしたが、現在はレストランに。芸術祭の会期中以外のオープンは不定期なので問い合わせが必須です。瀬戸内の旬の魚介や野菜を使った料理をいただけます

島 DATA

面積 2.62㎢
周囲 8.9km
人口 161人
(平成30年5月高松市登録人口)

行きやすさ ★★★☆☆
難易度 ★★☆☆☆
鬼ヶ島度 ★★★★★

島の情報

香川県・高松の沖合約4kmに位置する瀬戸内の離島。瀬戸内国際芸術祭の舞台で、島内にはアートが点在する。島の中央部にある鷲ヶ峰山頂には大規模な洞窟があり、かつて鬼が住んでいたとされることから「鬼ヶ島」と呼ばれる。約2000本の桜が植えられており、香川県の花見の名所としても知られる。

アクセス

高松港から島の玄関口・女木島港までフェリー「めおん」で約20分。1日6往復運航している（シーズンによって増便あり）。高松～女木島～男木島（P.56）をつなぐ便もある。自動車や自転車の積載も可能。

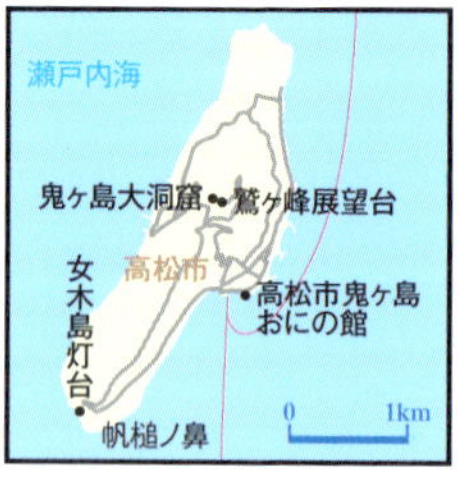

瀬戸内の島で鬼退治へGO!?

女木島は香川県高松港からフェリーで約20分の、瀬戸内の離島。こちらも男木島（P.56）と同じく瀬戸内国際芸術祭の舞台で、繁忙期はフェリーがかなり混雑するので、旅の際はご注意を。

私は瀬戸内の離島を巡る旅で男木島と同時期に女木島にも訪れたのですが、ここでは一泊せず日帰りで訪れました。

高松港から女木港に到着したら、まずは港の近くにある観光案内所へ。手荷物預かりとレンタサイクルがあるので、電動自転車で島内を散策しました。1～2時間あれば回ることができる規模です。集落内は平坦な一方、中央の山へは坂道を登りますが、電動自転車なので問題なし。港から海沿いに走る道は、とても気持ち良くサイクリングできました。

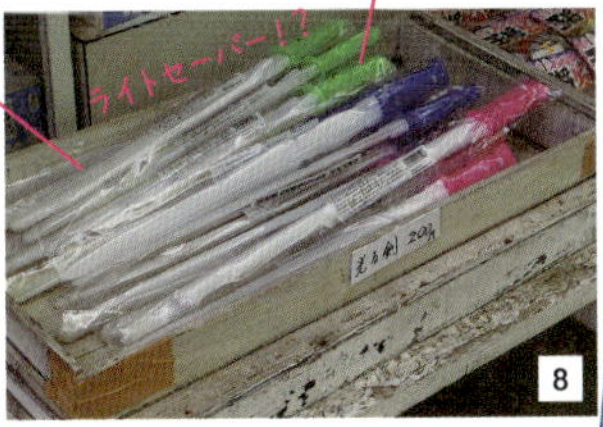

5 鬼の洞窟の入り口。洞窟は広さ4000㎡、奥行き400mで、内部には香川県の伝統工芸品・鬼瓦が展示されています 6 売店でキビ団子を発見 7 近くには隠れた鬼の像がいっぱい 8 剣などの鬼退治グッズも売っています 9 洞窟の15m上にある「鷲ヶ峰展望台」から見た「女木海水浴場(弓ヶ浜)」。弓型で、白砂の美しいビーチです

島の中央部にある鷲ヶ峰山の山頂には「鬼ヶ島大洞窟」という大きな洞窟があります。ここには昔、鬼が住んでいたと伝えられる桃太郎伝説があることから、女木島は別名「鬼ヶ島」とも呼ばれています。港の観光案内所「おにの館」、食堂「鬼の台所」など、島内のスポットは鬼関連のネーミングが多数。洞窟の付近には隠れた「鬼」の像がたくさんあるのでチェックしてみてください。

洞窟の入口までは階段をたくさん登るので、自転車はいったん駐輪を。洞窟内では入場料を払います。入口横の売店では、キビ団子や光る剣など、鬼退治グッズがたくさん売られています。また、洞窟の裏手にある鷲ヶ峰展望台からは瀬戸内の風景が360度見渡すことができ、瀬戸内海の島々やタカト山などを望む絶景のビュースポット。ぜひ立ち寄ってみてください。

昼食は古民家を使ったアート作品に併設された「カフェ イアラ 女木島」にて。食事と一緒にアート作品を楽しむことのできるおしゃれな店内でしたが、こちらは芸術祭の会期に合わせてのオープンだったようで、芸術祭期間外の営業は不定期となっています。訪れる際には必ずお問い合わせを。

no. 13

豊島《てしま》

香川県

食とアートが充実！

1 豊島美術館前の海へ続く道は人気のフォトスポット。島内にはアートを観賞する若者がたくさんいました

2・3「食堂101号」の外観と店内　4「食堂101号」で本日のプレートに舌鼓

島 DATA

面積 14.5㎢
周囲 19.8km
人口 867人
（平成27年10月土庄町HP）

行きやすさ ★★★☆☆
難易度 ★★☆☆☆
食とアート度 ★★★★★

島の情報

香川県に属する瀬戸内の離島。岡山県と香川県の中間あたりに位置し、両県からアクセスできる。瀬戸内国際芸術祭の舞台で豊島美術館がある。棚田やオリーブ農園、レモン栽培など食も非常に豊かな島。

アクセス

旅客船で香川県・高松港から家浦港まで35分、岡山県・宇野港から約40分。JR高松駅から高松港、JR宇野駅から宇野港はともに徒歩10分程度とアクセスがよい。そのほか、高松港から唐櫃（からびつ）港まで約35分、直島の宮浦港から家浦港まで約22分といったルートも。便数は曜日によって異なる。

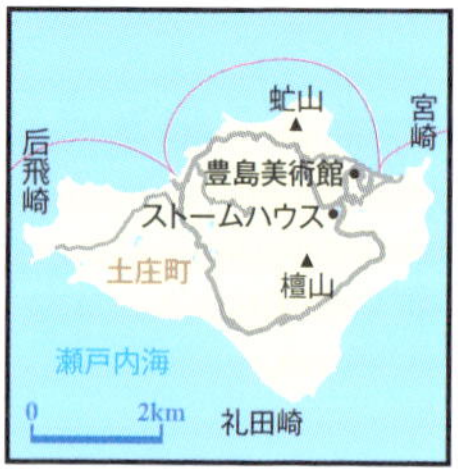

アートと食を楽しむ自然豊かな島

豊島は瀬戸内国際芸術祭の舞台で、島内のあちこちにアート作品が存在します。なかでも一番の目玉は、2010年に誕生した「豊島美術館」。地上に落ちた水滴を想起させる建物の造形は、周囲の自然と融和し、息を呑む美しさ。瀬戸内海を望む丘の上に位置し、美術館前の海へ続く坂道も絶景でした。

　ほかにも島の中央にある「壇山《だんやま》」から見下ろす瀬戸内の島々、芸術祭を機に休耕田を復活させた棚田など、ビュースポットは満載。余裕があれば、地元で「トトロの森」という愛称で親しまれている「スダジイの森」もおすすめです。スダジイはシイの木の一種なのですが、これほどまとまって群生している森は、離島では豊島のみなのだとか！

　集落は家浦《いえうら》、硯《すずり》、唐櫃《からびつ》、甲生《こお》の4つの地区

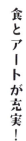

TESHIMA

スダジイの森

5・6 地元ではトトロの森と呼ばれている「スダジイの森」。近くには廃墟チックな雰囲気のある建物が

積み残し初体験！

7 島の中央にそびえる「壇山」の展望台からの風景　8 帰りの船は乗りきれず「積み残し」を初体験…。その後の臨時便で帰路につきました

クラゲ

10 お世話になった知人宅近くの浜。知人宅の庭で BBQ も楽しみました！

島で唯一のタクシー！

9 滞在中は東京から豊島に移住した知人の家にお世話になりました。都会からの移住者も多いそうです

にわかれており、島内の移動はレンタサイクルがおすすめです。「島キッチン」「海のレストラン」「食堂101号」など、それぞれにオシャレな食堂やカフェが約20軒存在します。

芸術祭の影響か、同規模の離島に比べ若者客の多い印象で、いたるところで首からカメラを提げた若い観光客に出会いました。

オリーブ、レモン、イチゴなど、農作物の栽培も盛んな豊島。それらを加工したジャムやシロップ、フリーズドライなどがかわいらしくパッケージされ、おみやげも充実です。

また、旅の際に注意したいのがスケジュールの組み方です。特に、芸術祭会期中は余裕を持った行動を心がけたいところ。というのも、私はちょうど芸術祭の春会期中に訪れ、帰りの船で生まれて初めて「積み残し」という事態に遭遇してしまったのです。これは乗船希望客が定員以上になることで船に乗れず、島に残されてしまう状況のこと。離島を何度も旅していますが、天候による欠航以外で船に乗れなかったのはこれが初めてでした。直後に臨時便が決まったのでなんとか帰ることはできましたが、なかには水上タクシーを独自に手配している人も。香川や岡山から時間変更のできない飛行機を手配している人は要注意です！

ODESHIMA

no. 14

小豊島《おでしま》

人より牛の数が多い!?

香川県

1 美しい砂浜が300mほど続く「積の浜」。誰もいない贅沢なビーチ！ のんびり過ごせます　2 船が着くと港に島のおばあちゃんが。帰りも手を振りに来てくれました

うしの足跡

帰りも小豊島港から水上タクシーを利用

3 島内には西端と東端に牛舎があり、約400頭のオリーブ牛が飼育されています　4 水上タクシーが港で待っていてくれる間に島内を散策。定員約10名程度の船でした

島 DATA

面積 1.1㎢

周囲 4.3km

人口 10人
(平成27年土庄町HP)

行きやすさ ★★☆☆☆

難易度 ★★☆☆☆

秘島度 ★★★★★

島の情報

香川県に属する瀬戸内の離島。オリーブ牛の畜産が盛んで人間より牛の数が多い。

アクセス

定期船の運行はなく、両隣の豊島（P.60）か小豆島から水上タクシーで渡る。豊島の唐櫃港から小豊島港まで約10分。

人口は11人、牛は約４００頭！

小豊島は豊島（P.60）の隣にある小さな島。定期船の運行はないので、豊島から水上タクシーで渡ります。船が着くと港に島のおばあちゃんの姿が。「手厚いお出迎え!?」と思いきや、船が来ると郵便物が届くため、港に様子を見に来ただけとのことでした（笑）。

２０１６年に訪れた際、島のおばあちゃんに何人住んでいるのかを尋ねると、11人と言われました。一方、牛は約４００頭。オリーブ牛の畜産が盛んで、人に遭遇する確率よりも牛に出会うほうが多い島でした。散策は徒歩で1～2時間あれば十分。小学校は閉校しており、宿泊はできず、郵便局も、店も、自動販売機すらありません。アートで賑わう豊島と対照的に、静かでのんびりしており、砂浜も貸し切り状態。贅沢な時間を過ごすことができました。

離島で何して、どう過ごす？

～島の過ごし方や限定品について～

　離島での過ごし方は好みによっても、その離島の特徴によってもさまざま。何もしないでのんびり過ごす、山や海などでアクティブに過ごす、集落を散策するなど、自分の旅のスタイルや、島に合わせた過ごし方で楽しんでみてください。島の大きさや人口にもよりますが、特に小さい島の場合に私が必ずやっているのは居酒屋に入ってみること。小さな島では島の人全員が顔見知りで、数軒しか飲食店がない場合は、居酒屋に島の人が集っていることが多く、在住者とお話できるので、民宿で夕飯を食べたあとでも訪れるようにしています。

　島から絵葉書を出すことも必ずやっていることのひとつです。郵便局や郵便ポストがある島に限られますが、その島の風景写真やイラストで描いた絵葉書が商店や港などで売られているので、滞在中に絵葉書を出し、自分が帰るのと、絵葉書が着くのと、どちらが早いのかを試してみたりもします。島によっては消印が工夫されていたりするのでおもしろいです。

　また、滞在中には天候不良やアクセス不良で予期せぬ待機時間ができることもしばしば。雨天時に遊べるスポットがなく、宿に缶詰めになることや、船便の接続が悪く港で待ちぼうけになっても待つこと以外することがない港がほとんどです。そんなとき、気長に読書をして過ごせるように、私は本をたくさん持っていくようにしています。

　離島では、都市部に比べると食事のメニューやおみやげが限られていたり、そもそも飲食店がない島もあったりしますが、その場所でしか手に入らない“味のある”一品に出会えることも。島の限られた人しか作っていないためあまり流通しないものや、島だからこそ味わえるとれたてのものなど。季節限定なら旬に合わせるのはもちろんですが、限定になればなるほど予約をしないと食べられなかったり、手に入らなかったりするので、こだわりたい場合は必ず事前にリサーチをして、予約や入手の準備をしておきましょう。もともと島で作っていた渋いデザインのものも、移住者や若い人たちが島の素材を活かして開発したデザイン性が高いものも、どちらもおすすめです。

no. 15

美しい入り江と豊かな自然
加計呂麻島《かけろまじま》

鹿児島県　奄美群島

1 奄美空港から古仁屋港までバスで3時間。空港からはレンタカーがおすすめです

古仁屋港からは海上タクシーで

2 海上タクシー（定期船）の船内。定員は12名の小さな船です

やっと加計呂麻島に到着しました！

3 夕刻に最終便で古仁屋港を出発　4 生間港に到着したのは羽田出発から8時間後でした

アットホームで素敵な宿でした

加計呂麻のおもてなし料理

5 民宿「和の夢」の夕飯はお母さんが作ってくれた島料理。朝食にはご一緒したカップルが釣ってきたお魚もいただきました

島DATA

面積 77.25㎢
周囲 147.5㎞
人口 1242人
（平成30年5月人口世帯集計表）

行きやすさ ★★☆☆☆
難易度 ★★☆☆☆
入り江美度 ★★★★★

島の情報

鹿児島県・奄美群島に属し、奄美大島の南に位置。海岸線が複雑に入り組み、美しい入り江が多数存在する。琉球と大和の文化が交わり、歴史的、民俗学的にも独特な側面を持つ。

アクセス

奄美大島・古仁屋港からフェリーで加計呂麻島・生間港まで約20分、加計呂麻島・瀬相港までは約25分。どちらの港へ行くかで出航時間や船が異なる。フェリーには車の積載も可能。車を渡さない場合は海上タクシーでも15分ほどでアクセス可能。ただし、フェリーとは乗り場が違うので注意を。

奄美群島にある入り江の美しい島

加計呂麻島は奄美大島の南側、船で15分程度の沖合に位置。リアス式になった海岸の美しい入り江と豊かな自然で人気の島です。

私は奄美群島を巡る旅で訪れ、奄美大島の古仁屋《こにや》港からアクセスしました。奄美大島までは航空便がありますが、奄美空港から古仁屋港までが遠く、バス利用なら乗継が必要です。タクシーも考えましたが、空港から港までは約70㎞もあり断念。結局バスを乗り継ぎ、3時間かけて古仁屋港へと向かいました。

古仁屋港からは加計呂麻島の生間《いけんま》港と瀬相《せそう》港、2つの港へのルートがあります。宿泊した民宿があるのは生間港だったので、最終便を利用し、羽田空港を出発してから約8時間後の20時にやっと島へたどり着きました。

初日に泊まった民宿「和の夢」は生間港か

KAKEROMAJIMA

6「野見山」からの風景。加計呂麻島ならではの、入り組んだ海岸線が美しく見えるスポットです　7生間から約10分、瀬相から約40分の「渡連（どれん）海水浴場」　8古仁屋から加計呂麻に渡る港「生間」

ら歩いて5分。お母さんが営むアットホームな宿です。すでに何度か加計呂麻島を旅しているという、都内から来た男女カップルの先客がいて、奄美空港から古仁屋港までは、港近くに乗り捨てOKなレンタカーを借りるのが時間・費用ともにベストだということを教えてくれました。皆さんが訪れる際は、ぜひその方法を採用してみてください……!

翌日はレンタカーを借りて島内のドライブへ。レンタカーは24時間あたり5~6千円程度です（要早めの予約）。この島は入り組んだ海岸線が特徴で、多数の入り江、湾、岬が存在します。どれも本当に美しく、海も透明でフォトスポットが豊富。私は3日かけて島内をドライブし、すべての集落と入り江やビーチを回り、のんびり散策をしました。特に美しかったのは野見山《のみやま》の入り江と実久《さねく》ビーチ。高台から眺めると、美しいブルーと白や赤土の浜、対岸に見える岬の緑とのコントラストがとてもきれいでした。

加計呂麻島には約30の小さな集落があるので、それぞれを巡ると違った雰囲気が感じられて楽しいです。集落では、サンゴの石垣、ハイビスカスの生垣沿いの路地など、南国を感じることができます。諸鈍《しょどん》という集落のデイゴ並木を散歩してみるのもおすすめです。

9 2日目に宿泊した「海宿５マイル」の庭。ハンモックがかかり、このすぐ奥が海になっています　10 夕食　11 朝食　12 食堂のインテリアも素敵

13「島尾敏雄文学碑公園」へと続く遊歩道。緑が生い茂るトンネルのようです　14 震洋の格納壕跡。舟艇は展示用に復元されたレプリカです　15 集落の風景。ハイビスカスの生垣やサンゴの石垣が見られ、南国らしい雰囲気が漂います

文学や基地の跡を巡る

加計呂麻島は2017年に公開された島尾ミホ原作の映画『海辺の生と死』のモデルとなった作家・島尾敏雄と島尾ミホが出会い暮らした島。島尾敏雄は同じく加計呂麻島を舞台にした映画『死の棘』の原作者で、同作はカンヌ国際映画祭審査員グランプリを受賞しています。ゆかりの地とあって呑之浦《のみのうら》の集落には「島尾敏雄文学碑公園」が。どちらの物語も、夫婦間についてのかなり壮絶な実話を元に書かれていますが、読んでみると島への造詣が深まるかもしれません。

文学碑公園の駐車場から文学碑までは海沿いに遊歩道が伸びていて、赤土の浜と海の青のコントラストを眺めながら散歩をすると、とても気持ちがいいです。そして、さらに遊歩道を進むと、太平洋戦争時に使用された「第18震洋隊基地跡」があります。当時の加計呂麻島は、入り組んだ海岸線を利用した天然要塞に海軍の特攻機「震洋」の格納壕が造られ、特攻隊の出撃基地になっていました。ちなみに、このときの隊長が前述の島尾敏雄でした。島内にはこれ以外にも、旧日本軍宿舎跡、戦闘指揮所跡、弾薬格納庫など、戦争遺跡が残されています。

16 諸数（しょかず）の「スリ浜」。透明度が高く、シャワーもあって、海水浴やシュノーケリングが楽しめます　17 対岸には奄美群島の請島(P.108)が見えました

18 瀬相の港の「いっちゃむん市場」で島バナナを発見　19 西阿室の「茂岡商店」にはアイスや日用品が売っていました　20 瀬相の「山下商店（セイコーの店）」

21・22 帰路も生間から奄美大島まで海上タクシー（定期船）で移動しました

海をすぐ目の前に臨む宿

2日目に宿泊したのは伊子茂《いこも》という集落にある「海宿5マイル」。目の前がすぐ海になっていて、部屋からも波の音が聞こえました。全室オーシャンビューで、洋室と和室を選べますが、私の予約時はすでに満室寸前だったので和室一択という状況でした。どちらか選びたい方は、早めの予約をおすすめします。

宿の庭先にはカラフルなハンモックがかかり、のんびりとした時間の流れを感じられます。干潮時には浜辺を散歩することができました。朝食、夕食ともに島で採れた野菜や魚介を中心に使ったオシャレなごはんを味わうことができ、女子がひとりで宿泊するのにもおすすめの宿でした！

加計呂麻島の中には大きなスーパーがないため、島の人たちは奄美大島にある古仁屋のスーパーで買い物をしているそうです。集落によっては商店があるので、おみやげは各集落を回るときにゲットするのがいいかもしれません。サンゴ塩、黒糖、きび酢など、加計呂麻島ならではのアイテムが手に入ります。個人的には西阿室《にしあむろ》という集落の茂岡商店が、独特の味があって気になりました。

no. 16

長目の浜が絶景

上甑島《かみこしきしま》

鹿児島県　甑島列島

1「田ノ尻展望所」から見る長目の浜。左側が海、右側の池がなまこ池です

2 九州産大豆と100％の海水にがりを使用した手作りの豆腐を提供する「山下商店 甑島本店」の店内。カフェも併設されていました　3「FUJIYA HOSTEL」の豆腐を味わう朝食

長目の浜の絶景と古民家を利用した宿

鹿児島県薩摩川内《せんだい》市の西の沖合に位置する甑島列島は、上甑島《かみこしきしま》、中甑島《なかこしきしま》（P.71）、下甑島《しもこしきしま》（P.74）からなり、一番北の島が上甑島です。上甑島と中甑島は橋で結ばれており、中甑島と下甑島を結ぶ橋も現在建設中。2020年には3つの島が橋で結ばれる予定です。私は2016年7月に甑島列島を巡る旅で3島を訪れました。当初は鹿児島空港から連絡バスで川内駅へ行き、そこから川内港への連絡バスを利用する予定でしたが、天候不良で川内港からの高速船が欠航に。そのまま川内駅で缶詰めになってしまいました。その日のうちに島に渡るのは厳しいかなと諦めかけていた頃、串木野《くしきの》港からフェリーの臨時便が出ることが決まり、バスで串木野へ。なんとか上甑島へ渡ることができました。

島 DATA

面積 44.2㎢
周囲 81.1㎞
人口 2488人
（平成22年国勢調査）

行きやすさ ★★☆☆☆
難易度 ★★☆☆☆
特殊な地形度 ★★★★★

島の情報

鹿児島県薩摩川内市の川内川河口から西に約26km、東シナ海上に位置する甑島列島。その一番北にあるのが上甑島。陸繋砂州の上にある集落や、池と海が砂州で隔てられた「長目の浜」の風景は圧巻。

アクセス

🚢 鹿児島県・川内港から上甑島の里港まで高速船で約50分。串木野港から上甑島の里港までフェリーで約70分。なお、鹿児島空港から川内駅までは連絡バスで約70分、そこから川内港まではバスで約25分。空港から串木野港までは約35分となっている。

4 市の浦キャンプ海水浴場。里集落のトンボロの先にある北端のビーチです　5 上甑島と中甑島の間に架かる「甑大明神橋（こしきだいみょうじんばし）」。中間にあるのは甑大明神が祀られている「中島」で、甑島という地名の発祥地と言われています

6 上甑島と中甑島の間に架かるアーチ型の橋「鹿の子大橋」。カノコユリの生息地からその名がついたそうです　7 上甑島と中甑島の中間にある中島の風景。上甑島には3日間滞在し、2〜3日目はレンタカーを借りてビューポイント巡ったり、徒歩で集落を散策したりしました

宿泊したのは「FUJIYA HOSTEL」という古民家をリノベーションした宿。フェリーの欠航の情報などは島の人もよく知っているので、宿泊先のスタッフさんが何度か連絡をくれて、最終便が到着する時刻に港まで迎えに来てくださいました。

食事は事前に2泊分の夕食をお願いしたところ「1日はぜひ島内のお店で」とのことで、ホステルのスタッフさんにお店まで送っていただき、初日の夕食は「鮨 ながた」へ。天候の影響で予約より遅れてしまいましたが、大将が待っていてくれました。大将から甑島の話を聞きながらいただくお寿司や、名産のきびなごはとてもおいしかったです。帰りは大将が宿まで送ってくれました。

「FUJIYA HOSTEL」は、「山下商店」という豆腐屋さんや、しまなびガイドといった観光事業、レストランカフェの運営など、島の環境を活かしたサービスを多数生み出している会社が運営しています。私がお世話になった当時は、宿の近くにカフェ併設のおしゃれなショップがあり、島の素材を使った素敵なデザインのいいおみやげを購入することができました（※）。ホステルの朝食でも「山下商店」の作りたてのお豆腐と、おいしいきびなごをいただきました！

※2018年現在、宿をリニューアルし、随時いろんな企画をされているようです。ぜひHPなどをチェックしてみてください。

11 トンボロ展望所から見る里集落

8 初日の夕食でお世話になった「鮨ながた」 9 大将から聞く島の話がとても楽しかったです 10 名物のきびなごを七輪で！

13 中甑集落にある「コシキテラス」の店内。旧中甑港旅客待合所をリニューアルしたカフェレストランで、こちらも「山下商店」や「FUJIYA HOSTEL」を運営する「東シナ海の小さな島ブランド 株式会社」がプロデュースしています
14 コーヒーや焼き立てパンが味わえます

ランチがおすすめです

12 上甑島内にある中甑集落の「寿し膳かのこ」にて寿司ランチをいただきました。場所がわかりにくく、いったん通り過ぎてしまったのですが、電話をしたらお店の方がわかりやすい道路まで出てきてくれました

海と池を隔てる長い砂州が圧巻！

上甑島で特におすすめのビュースポットは「長目の浜展望所」。「長目の浜」は、幅50m、長さ4㎞の砂州が、貝池、なまこ池という名の池と海とを隔てています。これは天橋立よりも長いそうで、長目の浜のさらに先にも鍬崎《くわさき》池、須口池を抱く砂州が続いています。池はそれぞれ水質が異なり、特殊な微生物が生息しているそう。これらは「甑四湖」と呼ばれ、島を代表する景観となっています。逆側の「田ノ尻展望所」からは長目の浜をなまこ池側から眺めることができ、また違った景色を楽しむことができますよ。

なお、宿泊していた「里」という集落は陸繋砂州《りくけいさす》（トンボロ）の上に形成され、陸繋砂州上の集落としては日本最大規模。全景は「トンボロ展望所」から望めます。

また、紛らわしいのですが、上甑島には中甑島とは別に「中甑」という集落があります。ランチはその中甑にある「寿し膳かのこ」がおすすめ。山下商店が運営する「コシキテラス」も。焼き立てのパンが買えたり、カフェ併設の店内では、コーヒーや上甑島名物きびなご、下甑島の名物タカエビを使った「断崖バーガー」が食べられます。

NAKAKOSHIKISHIMA

no. 17

上甑島からもう一歩足を延ばして

中甑島《なかこしきしま》

鹿児島県　甑島列島

もう一足のばして
中甑島へ

1 甑大明神橋。1994年に開通。上甑島へと続くもうひとつの橋は鹿の子大橋　2 木の口展望所（藺牟田瀬戸架橋展望所）。2020年には下甑島とも橋で繋がる予定

島で唯一の商店

3 漁港の様子。商店が1店舗だけあり、唯一の集落である平尾集落はとてものんびりしていました　4 現在は閉校している中学校

島 DATA

面積 7.28㎢
周囲 17.4㎞
人口 308人
（平成22年国勢調査）

行きやすさ ★★☆☆☆
難易度 ★★☆☆☆
橋で繋がる度 ★★★★★

島の情報
甑島列島の真ん中が中甑島。上甑島と橋で繋がっているため車で行き来できる。

アクセス
上甑島から車でアクセス。

小さいけれど結束力のある離島

上甑島を訪れたなら、もう一歩足を延ばして訪れたいのが中甑島。上甑島から2本の橋で繋がっており、橋を渡るだけで訪れることができます。民宿も数軒あるので宿泊することも可能です。

上甑島へと繋がる橋は1994年に開通し、島の人口は300人程度。中学校は2001年に閉校し、現在、生徒は上甑島の学校へ通っています。甑島の人に話を聞くと「上甑・下甑島の中学校は生徒数が多いのでいろいろな部活を選べたけれど、中甑島は生徒が少ないためバレーボール部しかなかった。でも、全員がバレーボールをするから鹿児島県大会を勝ち抜くほど強かった」と教えてくれました。小規模ですが団結力のある中甑島。漁業の組合の結束力もとても強いのだとか！

長目の浜展望所から眺める「長目の浜」。4㎞続く砂州は絶景です

KAMIKOSHIKISHIMA

no. 18

下甑島

しもこしきしま

鹿児島県　甑島列島

豪快な断崖や滝の自然美！

1 瀬尾観音三滝（せびかんのんみたき）。約55mの高さから一の滝、二の滝、三の滝と三段で落ちてくる珍しい滝。三の滝が一番の大迫力　2 三の滝から一の滝、二の滝を見ることはできず、近くにある階段を登っていくと、二の滝、一の滝と見ることができます

3

島 DATA

面積 66.12㎢
周囲 84.8km
人口 2780人
（平成27年国勢調査）

行きやすさ ★★☆☆☆
難易度 ★★☆☆☆
豊かな自然度 ★★★★★

島の情報

甑島列島の一番南に位置する下甑島。北部にある断崖や55m上から三段で落ちてくる瀬尾観音三滝は見もの。

アクセス

川内港から下甑島・長浜港まで直通の高速船で約1時間10分。串木野港から長浜港までは里港を経由したフェリーで約2時間20分。上甑島からはフェリーで約40分。

温かい宿主との出会いに感動

下甑島は甑島列島の最南の離島。上甑島と中甑島は橋で結ばれていますが、中甑島と下甑島・鹿島地区の蘭牟田《いむた》集落を結ぶ橋は未だ建設中のためフェリーでアクセスします。「蘭牟田瀬戸架橋」の完成は2年後の2020年とのこと。完成後には3つの離島がひとつに結ばれアクセスが格段に楽になるので、甑島列島を旅したい人は要チェックです。

私は2016年7月に甑島列島を巡る旅で訪れました。上甑島からの最終便のフェリーに乗り、下甑島の長浜港へ到着したのは19時を回った頃。宿泊した民宿「浦島」は瀬々野浦《せせのうら》という長浜港と反対側の集落にあり、港からはバスを使って移動しました。小さなコミュニティバスの乗客は私ひとり。途中で日が落ち、想定よりずいぶんと長く感じられた道中

3 島の北にある鹿島地区の鹿島断崖。藺落（いおとし）展望所からの眺めは、約150mの断崖の横縞模様の地層がくっきり見えて壮観 4 八尻展望所（はちじりてんぼうしょ）からの眺め。林道大萌線上にある展望所。鹿島の山なみや中甑島を一望できる絶景スポット。遠くには薩摩半島も見ることができます 5 林道大萌線沿い。海岸線に沿ったドライブが気持ちいい！

は、まるでネコバスにでも乗せられたような心細さを覚えました。

やっと着いた瀬々野浦のバス停では民宿のご主人が待っていてくれて、宿ではお母さんが「お腹がすいたでしょう」と夕飯を用意してくれていました。話を聞いてみると、道中がやけに長く感じられたのは、少し離れた内川内《うちかわうち》という小さな集落へ立ち寄ったからとのこと。確かに途中でしばらく停車していたような気も……。内川内は下甑島の中でも最秘境の集落で、平均年齢約80歳、20世帯強が暮らしています。乗客がいることはほぼないけれど、それが通常のルートなのだそうです。

滞在した民宿「浦島」がある瀬々野浦は島の西側にあり、夕陽が美しい集落。「浦島」の2階の食堂からもきれいな夕陽を眺めることができます。海上にそびえ立つ高さ127mの「ナポレオン岩」や、夕陽が落ちるとローソクに見える「ローソク岩」も有名です。

島内の移動にはレンタカーを利用したかったのですが、繁忙期のため2泊3日滞在のうち1日しか予約できず困っていると「浦島」のご主人がうちでもレンタカーあるよと、車を貸してくださいました。とても気さくなご夫婦で、滞在中は本当にお世話になり、楽しく談笑をして過ごしました。

6・7 内川内（うちかわうち）集落。下甑島の中でも最秘境の集落で、平均年齢約80歳、20世帯強が暮らしています。大正時代には集落人口は300人ほどだったとか。集落は勾配のある斜面に形成され、集落内の道は狭いです。また、集落内には滝もあります

8 島内にはかつてそこに住んでいた人たちの記録が記載されている集落跡の看板がいくつかあります

9 下甑島の南に位置する手打集落の中央にある下甑島武家屋敷通り。約700メートル玉石垣が続いています。通りには「下甑郷土館」（入館無料）もあり甑島の歴史・文化を学ぶことができます　10 武家屋敷通りにある「喫茶α夢（あるふぁむ）」。食事もできます

地層の断崖と55mから三段で落ちる滝

南北に長い下甑島。私は浦島を拠点に2日間かけて北から南へ移動しながら観光スポットや集落の中を散策しました。

下甑島で必ずチェックしてほしいのが、島の北端、鹿島地区にある「夜萩円山公園《よはぎまるやまこうえん》」。迫力満点の鹿島断崖を望むビューポイントで、100〜200m級の断崖が16kmほど続きます。「ページ岩」と呼ばれる断崖の地層は圧巻で、日本地層百選にも選定されているのだとか。鹿島港から車で10分ほどの場所にあり、夜萩円山公園から約5分の「鳥ノ巣山展望台」は、6〜7月頃にカノコユリ、7〜8月頃にニシノハマカンゾウという花が咲くビュースポットとしても有名です。そのほか、「百合草原遊歩道」も断崖を間近に見ることができ、おすすめです。

夜萩円山公園から30分ほど南下した、林道大萌線上の「八尻《はちじり》展望所」もなかなかの絶景スポット。東西の海岸線を見渡すことができ、天気がよければ海の向こうに薩摩半島を望むこともできます。

さらに南下した長浜は、下甑島の玄関口である長浜港がある集落。ここには商店やみやげもの店が数軒並んでいました。長浜からは

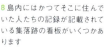

11 長浜港から瀬々野浦へ向かうコミュニティバス。乗客は私ひとりで夜の走行だったため、少し心細かったです 12 宿泊した瀬々野浦の民宿のすぐ目の前に位置する「ローソク岩」。名前の由来はローソクに見立てた岩に太陽が落ちて火を灯すように見えることから

13 瀬々野浦にある高台からの眺め。奥に見えるのが、横から見るとナポレオンに似ているところからその名がついたナポレオン岩

14 民宿「浦島」の前の通り。すぐ目の前が海で、2階の食堂からはきれいな夕陽が見えます　15「浦島」の夕食。昼食は食堂としても営業中

青瀬集落に向けてドライブをしたのですが、海沿いの道がとても気持ち良かったです。

青瀬でのお目当ては「瀬尾観音三滝《せびかんのんみたき》」。この滝は瀬尾観音三滝キャンプ場に車を停め、遊歩道を歩いた先にあります。緑に囲まれた美しい滝で約55mの高さから、一の滝、二の滝、三の滝と三段で落ちてくる姿は大迫力！

滝壺の付近に観音像が祀られていることから、この名がついたそうです。下から見られるのは三の滝ですが、近くにある階段を登ると一の滝、二の滝が見られます。

最南端に位置する手打《てうち》は、明治から昭和にかけて島内最大の集落として、約4000人が居住していました。手打という地名は、源平の合戦に敗れた平家の落人が流れ着き、「ここは良いところだ」と「手を打った」ことからついたとの伝説も。現在は約800人が暮らし、集落の背後には水田地帯が広がるほか、正面の手打湾は下甑島最長の約1㎞に及ぶ砂浜が続いています。集落の中央には玉石垣の武家屋敷通りが700mほど伸び、散策するのもおすすめ。また、手打には「下甑手打診療所」があり、『Dr.コトー診療所』のモデルとなった瀬戸上医師が2017年3月まで、約40年にわたり勤務していました。現在は後任の医師に代わっています。

no. 19

南十字星が見える最南端の島 波照間島《はてるまじま》

沖縄県　八重山諸島

1 ニシ浜ビーチ。晴れた日の青がとにかく美しく、海を眺めているだけで何時間も過ごせそう。島の北側にありますが、波照間の方言では北のことを「ニシ」と言うそうです

波照間島では
南十字星が見える

2 日本最南端の碑 3 星空観測タワー。波照間では 88 星座のうち、84 星座を見ることができます。南十字星の観測は 12 ～ 6 月だけの限定で、時期によって見える時間も異なります

日本最南端の地は欠航率高し!?

沖縄県・八重山諸島に属する波照間島は、一般の人が訪れることのできる日本最南端の有人離島。日本の領土として最南端なのは東京都にある沖ノ鳥島ですが、一般の人は訪れることができません。波照間島へのアクセスは、石垣島の石垣港離島ターミナルから。八重山諸島の各離島への便が運航し、ターミナル内には、各島のみやげものを扱う店や、ご当地ならではの弁当を販売する飲食店が並びます。小さな離島ではおみやげすら手に入らないことが多いのでとても便利です。

八重山諸島の中でも特に欠航率の高い波照間島。船は波の具合で遅れが出ることも多々あり、季節によっては欠航率が50%を超えることも！台風の影響で数日間は島を出られなくなることもあるので、旅するシーズンには

島 DATA

面積 12.73㎢
周囲 14.8㎞
人口 502 人
（平成 30 年 1 月竹富島 HP）

行きやすさ ★★☆☆☆
難易度 ★★☆☆☆
南十字星度 ★★★★★

島の情報

沖縄県・八重山諸島に属する有人の離島としては日本最南端の島。行政区上は八重山郡竹富町に属する。日本国内で南十字星を見られる数少ない場所で、星が多く見られる島としても知られている。

アクセス

沖縄県・石垣港離島ターミナルから大型フェリーで約 1 時間 40 分、曜日限定で 1 日 1 便のみ。高速船は毎日運航し、約 1 時間～ 1 時間 10 分。時期により 1 日 4 ～ 5 便程度運航している。船はいずれも季節により欠航率が高いので要注意。

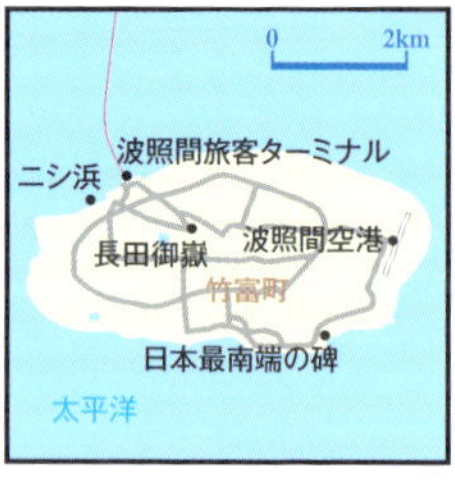

4 西側にある隠れスポット「サンゴの浜」。草むらを進んだ先にあり、ややわかりにくいのですが、ぜひ探してみてほしいスポットです。砂浜ではなくサンゴの殻が堆積していて、とてもきれい！

注意が必要です。高速船は毎日運航しており便数も多いのですが、フェリーよりも欠航率が高いという欠点があります。フェリーは高速船が欠航しても運航する場合があるのですが、席数も少なく、曜日限定で1日1便のみ。なので高速船欠航時はすぐに満席になってしまいます。

ケースによりますが、航空機や宿は天候により船が欠航した場合、変更やキャンセルが無料で行えることがあるので相談をしてみましょう。万が一の場合を見越して、波照間に2泊、石垣に2泊など、バッファを持たせて日程を組むと安心かもしれません。

南十字星が見える貴重な島

また、波照間島では88星座のうち、84つの星座が見られ、日本で一番多くの星が見られます。中でも、最も小さな「南十字星」を見ることができる日本国内で数少ない場所。天気がよければ肉眼でも確認することができますが、星空観測タワーも設置されているので、利用するのもよさそうです。

なお、島で南十字星が見られるのは12〜6月の間のみ。夏季は見ることができないので、注意しましょう。

5・6 波照間島の名物民宿「たましろ」 7 たましろでの「ゆんたく」はとても有意義な時間でした 8 たましろでの夕食 9 朝食もこのボリュームでした！

10 一緒に泊まっていた人たちと朝陽を見に東の海岸へ。たましろから歩いて1時間近くでした。この日は雲が多く朝日を見ることはできませんでしたが、朝の海も静かでとても美しかったです

息を呑むニシ浜ビーチの美しさ

おすすめの風景は何といっても「ニシ浜ビーチ」。〝ハテルマブルー〟と呼ばれる海の青さは何時間でも眺めていられそうな美しさです。レンタサイクルで島の中を散策しましたが、島内は一面にサトウキビ畑が広がり、本当にのどかな風景が広がっています

隠れた名所は、島の西側にある「サンゴの浜」。草むらを抜けた先にあり、ちょっと見つけるのが難しいかもしれませんが、まるでプライベートビーチのように静か。浜は一面が砂ではなくサンゴになっていて、とても魅力的な場所でした。

なお、飲み物は集落でしか買えないので、散策の際には必ず準備して出かけましょう。

名物宿と帰路のハプニング

宿泊したのは「たましろ」という民宿。この宿はなかなかの名物宿で、礼文島の桃岩荘（P.51）と合わせて「北の桃岩、南のたましろ」と呼ばれています。その佇まいを「ゴミの巣窟」と呼ぶ人もいますが、これは決して批判ではなく、民宿への愛を込めた表現。リピーターも多く、各地から旅人が集まります。

MAJIMA

11 サトウキビ畑の中の標識　12 自転車は「たましろ」のご主人に「ブレーキがきかないけど使っていいよ」とツッコミどころのあるご提案をいただきましたが、近くのレンタサイクルでブレーキの利く自転車を借りました（笑）　13 島の中はサトウキビ畑と空ののどかな景色が広がっています

15 希少価値の高い「泡波」。2合瓶が手に入ることは島内でもレアなことなんだとか

すでに解体された旧波照間空港

現在は空の便がない波照間島。新空港を建設中とのことですが、空の便は復活するのでしょうか…!?

14 波照間を出発した翌日の便。台風の影響で全便が欠航に！

なかでもびっくりだったのは食事のボリューム。朝昼晩と、とんでもない量！しかも、ご飯とうどんの炭水化物×炭水化物！あまりの量に、食べきった人は見たことがないという噂もあるほどです。

夕食後は庭先で「ゆんたく」。「ゆんたく」とは沖縄の方言で〝おしゃべり〟を意味しますが、この地方ではお酒を飲みながら話をする時間のことを言うそうで、これもたましろの魅力のひとつです。波照間島だけで作られている幻の酒「泡波」（島外では入手困難で東京ではグラス2000円レベル！）もここでは飲み放題。波照間島へはひとり旅で来る人が多いので、同泊の人たちと旅の情報交換をしながら、良い時間が過ごせました。

ちなみにこの泡波、運がよければ島内の売店で2合瓶を購入できる場合があります。ミニボトルならどのお店でも取り扱いあるので、ぜひチェックしてみてください！

ちなみに私の旅は帰路の際に、台風とバッティング。来島者は全員、朝の1便で島を強制退出することに。一度台風が来ると4日間は島から出られなくなることもあるそうです。業者も訪れることができないので、停電の復旧にも長時間を要し、とても大変なんだとか。島の暮らしは、本当にたくましい……！

ニシ浜ビーチ。"ハテルマブルー"といわれる美しい青が特徴です

HATERUMAJIMA

no. 20

沖縄の原風景が残る

渡名喜島《となきじま》

沖縄県

1 島の南側にある「大本田展望台」近くからの眺め。久米島・粟国島・慶良間諸島が一望できます　2 集落から海沿いの道を進み「タカタ浜」へ。遠浅ですが遊泳禁止のエリアです

100年続く水上運動会を開催

3 渡名喜港のフェリーターミナルより徒歩10分の「あがり浜」。渡名喜島で唯一遊泳できるビーチで、7月になると水上運動会が開催されます

ソーキそば

4・5 ふくぎ食堂。昼は定食などがあり、夜は居酒屋としても営業しています

島 DATA

面積 3.84㎢
周囲 12.5㎞
人口 400人弱
(平成30年渡名喜島観光サイト)

行きやすさ ★★☆☆☆
難易度 ★★☆☆☆
赤瓦の景観度 ★★★★★

島の情報

沖縄本島から北西の海上約60㎞に位置。面積は3.84㎢と日本で2番目に小さな自治体。伝統的な赤瓦とフクギ並木が美しい景観の離島。集落内は全長約500mで、徒歩での移動が可能。島を一周する場合は2〜3時間を要する。レンタカーは島に2台のみなので早めの予約を。

アクセス

沖縄県那覇市にある泊港(とまりん)から渡名喜港までフェリーで2時間、1日1本のみ運航。那覇空港から泊港まではモノレールや徒歩でアクセス。

赤瓦とフクギ並木の美しい集落

渡名喜島は沖縄本島、那覇にある泊港、通称「とまりん」からフェリーで約2時間。日本で2番目に面積の小さい自治体の島で、フェリーは1日1往復便しかないため、日帰りはできません。

渡名喜島は、沖縄地方伝統の赤瓦の家屋や、白砂、フクギの並木が残っている数少ない地域です。八重山諸島の竹富島にも赤瓦の家屋はありますが、竹富島が観光地として整備されているのに対し、渡名喜島は日常の中に原風景として残っているのが特徴。その美しい景観は、重要伝統的建造物群保存地区にも指定されています。

私は2015年6月に旅したのですが、東京からどんなに朝早い飛行機で那覇に向かっても8時半に出発するフェリーには間に合わ

6 赤瓦の家屋とフクギ並木　7 夜はライトアップも　8 いつもきれいに掃除されていて、ハブ避けにもなっているのだとか

9 沖縄一短い県道。なんと 25m！

10 訪れた日に開催されていた島の集会に参加させていただき、夜の懇親会では島の人からいろいろなお話を伺うことができました

ないので、前日に沖縄に住む友人宅へ前泊させてもらいました。渡名喜島では民宿「ムラナカ」に宿泊。集落の赤瓦とフクギ並木の景観は噂通りの美しさで、夜にはライトアップされ、また違った魅力を楽しめます。

集落内に落ち葉ひとつないのに驚かされますが、これは1年を通して「朝起き会」が行われているためです。「朝起き会」は大正時代から約100年も続く伝統行事で、島の子どもたちが毎朝6時半からラジオ体操をした後に、集落中を竹ぼうきで清掃するというもの。その歴史の長さに驚かされます。

渡名喜島にはもうひとつ大正時代から行われている行事「水上運動会」があります。島民全員で参加し、水中綱引きや海中の球技、遠泳リレーをし、みんなで応援をする、なんとも離島らしい行事。7月初頭に行けば観戦できるかもしれません。

私が訪れた日は島内での集会と懇親会（という名の飲み会）があり、参加させていただくことに。島民への連絡手段はスピーカーから流れる島内放送！島の方とお話しすることができ、楽しい時間を過ごすことができました。

また、渡名喜島の「ユブク浜」にはウミガメが産卵に訪れるそうです。運がよければ貴重な光景に遭遇できるかもしれません！

no. 21

日本最西端の島
与那国島《よなぐにじま》

沖縄県　八重山諸島

とても
のんびりした浜

コトー先生の診療所が
残っています!

1 島に3つある集落の中で一番小さな比川集落にあるビーチ「比川浜」 2「立神岩」。東南部の海岸にそびえたつ島のシンボルです 3 比川浜にはドラマ『Dr. コトー診療所』の撮影のために建てられたコトー先生の診療所（志木那島診療所）。撮影セットがそのまま残されており、入館料を払うと内部を見学できます

島 DATA

面積 28.95㎢
周囲 27.49㎞
人口 1843人
（平成 27 年国勢調査）

行きやすさ	★★★☆☆
難易度	★★☆☆☆
最西端度	★★★★★

島の情報

八重山諸島に属する日本最西端の島。沖縄本島から南西へ約509km、石垣島から約127km、東京からの直線距離は約1900kmと、日本の領土の中では東京から一番遠い。集落は北部の祖納（そない）、西部の久部良（くぶら）、南部の比川（ひがわ）の3地区にわかれている。

アクセス

✈ 沖縄県・那覇空港から1日1往復運航、与那国空港まで片道1時間30分。石垣島からは1日3往復運航があり、片道約30分。
🚢 沖縄県・石垣港離島ターミナルから「フェリーよなくに」で与那国港まで約4時間。週に2便運航している

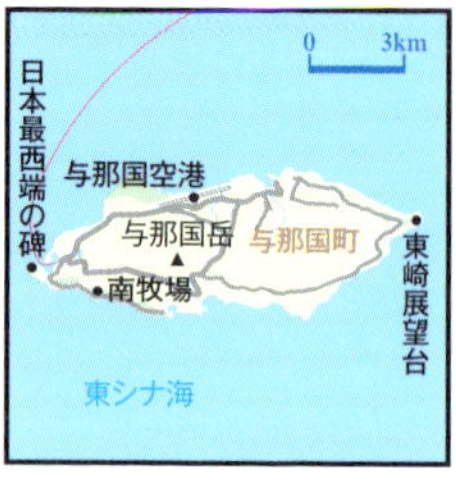

海底遺跡が眠る!? 日本最西端の島

八重山諸島に属する日本最西端の離島、与那国島は東京からの直線が距離約1900km。一方、西に位置する台湾とは約111kmで、晴れた日にはその姿が見えるほどです。沖縄本島から1日1往復、石垣島から1日3便の航空便が運航しているのでアクセスは比較的容易。費用を抑えたいなら週に2便、石垣港離島ターミナルから運航している「フェリーよなくに」で。片道4時間ほどかかりますが、飛行機の3分の1の値段でアクセスできます。ただし、このフェリー、通称「ゲ○船」と呼ばれ、かなり揺れるそうなので、利用の際は心して乗船を……。

島の周囲は約27kmで3～4時間あれば自転車で回れる島の大きさですが、スーツケースを預けられるサイズのロッカーがなくレンタ

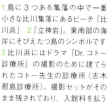

YONAGUNIJIMA

4 東崎にある公園。公園内には与那国馬がたくさんいました　5 東崎展望台からの風景。100ｍの高台にあり、島を一望できます

10・11 与那国空港。びっくりだったのは飛行機到着後、約30分で売店が閉店してしまうこと。一瞬「あれっ?」という気持ちになりましたが、これが島時間なのでしょう

6 日本領土内の東西南北の端にある島のうち、唯一、一般の人が訪れられる島が与那国島。島内には日本最西端の碑がありました　7 西崎展望台からの風景。天候がよければ台湾が見えることも　8 石垣空港からプロペラ機に乗り換えて与那国空港へ

7

カーを利用しました。レンタカー店のおじさんに「学校で運動会をやっているから行っておいで」と教えてもらい、近くの小学校で開催されていた運動会の見学することに。与那国島の運動会ではなんと、徒競走などの景品にヤギや魚がもらえるそうです！

島の中には与那国馬が生息しており、公園や道路脇を悠々と歩いています。最初は少し驚きますが、これも与那国ならではの風景でとても味があるなと思いました。

島西端で日本最西端の碑がある西崎《いりざき》と、島の東端の東崎《あがりざき》にはそれぞれ展望台があり、違った島の風景を楽しめます。この島はドラマ『Dr.コトー診療所』のロケ地でもあり、比川浜にはロケに使われたセットがそのまま残され、見学も可能。日本最西端ということもあり日本最後の夕陽が見える丘も人気です。

与那国島には「海底遺跡」のようなスポットがあり、ダイバーにも知名度が高いんだとか。〝のような〟と表現したのは、本当に古代に作られた海底遺跡なのか、自然にできた地形なのか未だ調査中で、決定的な判断がされていないため。なんだかロマンがありますよね。ダイビング初心者でも受け入れてくれるガイドツアーもあるようなので、興味がある人はぜひチェックしてみてください。

1 サキシマスオウノキ。仲間川の上流の川岸に生息し、樹高は 18 メートルと日本最大です

2・3 島内にある大小 40 の川にはマングローブが生息し、特に仲間川のマングローブが有名でその広さはなんと 158 ヘクタール！ 東京ドーム約 35 個分!?

no. 22

マングローブ林！大自然の島

西表島《いりおもてじま》

沖縄県　八重山諸島

島 DATA

面積 284㎢
周囲 130㎞
人口 2366人
(平成 28 年竹富町地区別人口動態票)

行きやすさ ★★☆☆☆
難易度 ★★☆☆☆
亜熱帯度 ★★★★★

島の情報

八重山諸島に属する離島で、沖縄本島から約 460km に位置。島の面積は沖縄県内で沖縄本島の次に大きいが、約 90% が亜熱帯の原生林に覆われているため、人が住む平地はわずか。島内には大小約 40 の川が流れ、仲間川流域のマングローブは日本全体のマングローブ面積の約 4 分の 1 を占める。

アクセス

各地から沖縄県・石垣港まで飛行機などでアクセスののち、石垣港離島ターミナルから大原港まで約 40分、上原港まで約 45分。島の西側外周部には道路がないため、徒歩や船でしかアクセスすることはできない。

島の90%を覆う原生林とマングローブ

八重山諸島に属する西表島は、沖縄本島に次いで沖縄県で2番目の面積です。島のほとんどを森林が占め、人が住んでいるのは海沿いにわずかにある平坦な地域のみ。民宿が数軒あり宿泊可能ですが、西に位置する船浮《ふなうき》という集落は、ほかの地域と道路が結ばれていないため船でしか訪れることができません。

島内はまるでジャングルのようで、トレッキングやカヌーなど大自然の中をアクティブに過ごしたい人におすすめです。約40の川が流れ、特に大きなのは仲間川とユツン川。仲間川はマングローブ林が流域一帯に生い茂り、クルーズやカヌーツアーで巡ることができます。イリオモテヤマネコなど国定天然記念物も多く生息し、貴重な自然資源が豊富で、島全体が国立公園に指定されています。

離島の一期一会
〜島での出会い③〜

EPISODE 7
下甑島の食堂のコーヒー

下甑島（P.74）で宿泊した民宿「浦島」では、ご主人が朝・夕に毎回、コーヒーを淹れてくれました。離島ではそう簡単にカフェなどはなく、毎回民宿の食堂が楽しいコーヒータイムに。

「東京はどこから？」とご主人。私が「上野です」と答えると「あんた、珍しいとこに住んでるねえ」と。東京でも「上野」に住んでいるとよく「珍しい！」と反応されるのですが、この〝東京の人〟によくある反応を、まさか鹿児島の離島で聞くとは！聞けば、ご主人は約30年東京に住んでいたそう。

都会からの移住者とも雰囲気の違うご主人は下甑島生まれで、進学を機に上京し、そのまま就職。数年前に体調を崩されたお父さんの御見舞いで帰省したのを機に民宿を継ぐことを決意。学生時代に渋谷のバイト先で出会い、島に戻らないことが結婚の条件だった奥様を説得して島にUターンしたそうです。

心くすぐられる話だなぁ、なんて感銘を受けていると「でも俺、東京好きなんだよねー。人混みとか。スクランブル交差点、最高。あははは」と大爆笑。ご主人は本当によく笑い、この笑い声を聞いていると不思議と楽しくなってこちらも笑ってしまいます。予約できずに困っていたレンタカーを都合してくれたり、おいしいごはんを作ってくださったり、本当に素敵なご夫妻で、宿にリピーターが多いのにも納得です。

1年後、お二人がご家族で上京した際に、上野で再会することができました。離島で出会った人から東京に行くと連絡をいただくことはありますが、下甑島は時間をかけて訪れた場所なのでとてもうれしかったです。次回はまた島でお会いしたいなぁ。

下甑島で泊まった民宿にて。宿で出していただいたコーヒー

EPISODE 8
「たましろ」に泊まるのは勇気がある!?

波照間島（P.78）で泊まった民宿「たましろ」の佇まいの衝撃といったら！「たましろに泊まったの!? 勇気があるね！」と言われ、〝ゴミの巣窟〟と表現する人がいるのにも納得の佇まいです。予約時に何の説明もなく通された4畳半は、蓋を開けてみるとなんと相部屋。私は相部屋でも気になりませんが、ドミトリー以外で説明なしに相部屋に通されたのは初めてで、4畳半という狭さもあいまって、いきなり度肝を抜かれました。

説明もされず相部屋だった思い出の部屋

　お世辞にも清潔感があるとはいえない部屋は、畳の上に座ろうものなら素足にゴミやチリがつきます（笑）。慣れた客は大きめのバスタオルを持ち込み、広げた上で活動するそうです。私も布団の上から動かないように行動しました。〝殺人的な量〟だという食事は、完食した人を見たことがないという噂通りのボリューム。炭水化物×炭水化物に私もノックアウトされました。

衝撃を受けた「たましろ」の様子。年季を感じます

　そして、明け方に嫌な予感がして目が覚めると、ちゃぶ台の上にうごめく謎の真っ黒な物体が……。なんと、昼に食べかけて袋に入れておいた石垣島の伝統銘菓「くんぺん」にアリがぎっしり群がり、壁の隙間まで長い行列をなしていたのです！

　飛び上がりそうな衝撃を受けつつも、相部屋の女性を起こさないよう素早くアリをかき集めて外へ。あんなにたくさんのアリを手で集めたのも初めてのことでした。振り返ると今でも笑いがこみ上げてきますが、それも含めて良い思い出。また訪れたい名物宿です。訪れていたほかのお客さんたちも、みんなひとり旅で個性的な人が多く、夕食後に庭で泡波を飲みながらの〝ゆんたく〟も互いの旅情報を交換する楽しい時間となりました。こんな目に遭いながらも、波照間を訪れたら、私はきっとまた、「たましろ」に泊まると思います。

EXPERTS

上級

上級者編

これぞ離島の醍醐味！

no. 23

上陸困難な東京の秘境

青ヶ島《あおがしま》

東京都　伊豆諸島

4

島 DATA

面積 5.96㎢
周囲 9㎞
人口 178人
（平成27年国勢調査）

行きやすさ ★☆☆☆☆
難易度 ★★★★★
無番地度 ★★★★★

島の情報

東京から約358km。伊豆諸島の一番南に位置する。周囲は断崖絶壁で二重カルデラの地形が特徴。一村一島（島全体がひとつの村になっていること）で、日本一人口が少ない村。島内（村内）に番地は存在しない。

アクセス

✈ アクセスは八丈島からのみ。八丈島までは航空機またはフェリーで移動し、八丈島空港からヘリコプター「東京愛らんどシャトル」が1日1往復のみ運航、片道約20分。

🚢 八丈島・底土港から週4〜5日、1日1往復のみ運航している連絡船「あおがしま丸」で、青ヶ島・三宝港まで約3時間。

日本一人口の少ない村が東京に！

青ヶ島は東京都の離島で、伊豆諸島の一番南に位置します。周囲は断崖絶壁で、世界的にも珍しい地形の二重カルデラ。青ヶ島村の人口は約170人と、東京にありながら日本一人口の少ない自治体です。島内に番地はなく、郵便物は「郵便番号＋東京都青ヶ島村＋相手の名前」で届きます。お世話になった民宿のご主人のお宅は郵便番号＋下の名前だけでも十分とのことで、びっくりでした！

島へは本土から直接行くことはできず、八丈島の経由が必須です。八丈島からの連絡船は1日1往復のみの運行で片道3時間ほど。就欠航は当日の朝に決定するのですが、欠航率はなんと平均50％超え！季節によっては70％を超えることもあるほどです。私が初めてチャレンジした時は2日連続で欠航になっ

AOGASHIMA

1 集落から「大凸部展望台」へ向かう遊歩道への入り口　2 途中に鳥居があったり、草がたくさん生えていたり、このまま進んでいいのか少し不安になりました　3 もはや草ぼうぼうすぎて道が消滅（笑）。これをかき分けて進みます　4 たどり着いた展望台からの二重カルデラの風景。青ヶ島は約3000年前に大きなマグマ水蒸気噴火が起こり、時間をかけてこの地形が作られたそうです

てしまい、上陸は叶いませんでした……。

より確実なのは八丈島空港からのヘリコプターです。それでも欠航することはありますが、連絡船より確率が高いです。1日1往復限定で、席数は9席のみ。島の人や仕事関係者も利用するので、予約開始となる1カ月前の期日には毎回電話での争奪戦が勃発します。やっとの思いで足を確保し訪れても、帰りの便が空・海とも欠航になり、島を出られないこともしばしば。私の知る限りでは1週間閉じ込められた人もいます。難易度は高いですが、それを乗り越えてでも訪れる価値があるのは確か。帰りの便の欠航に備えて、余裕を持った日程を確保しておきましょう。

私が島を訪れたのは2014年8月。このとき往路で利用したヘリコプターは、今まで乗った乗り物の中で一番の感動がありました。海の上を移動する不思議な感覚と、上空から二重カルデラを目にしたときの感動と言ったら……！　ぜひ皆さんにも一度味わっていただきたいです。

ちなみに、このときの旅は到着こそスムーズだったものの、帰りは天候不良で予定の便に乗れず。幸い仕事への影響はありませんでしたが、帰りに寄る予定だった伊豆諸島の別の島への旅は急きょ中止となりました。

5 青ヶ島ヘリポート。役場の人が当番で発着の受付をしていました。駐在所のある離島のターミナルには発着時に駐在さんが必ず立ち会いにやってきます　6 ヘリコプター「東京愛らんどシャトル」。1日1往復9席のみ。プロペラが回るとすごい音と風にびっくりします。飛び立つ瞬間の不思議な感覚はぜひ体験していただきたいです

ヘリコプターで上陸

6

5

9

8・9 青ヶ島唯一の商店「十一屋酒店」。「じゅういちや」が正式名称らしいのですが、島の人は「といちや」と呼んでいます。青ヶ島のお酒「青酎」も購入できます。買い物中に大雨が降ってくると、店のお母さんが「しばらく待ったら止むよ」と店内で雨宿りさせてくれました

7

8

7 青ヶ島には居酒屋が2つあり、夜は島の人たちが集っています。そのうちのひとつ、居酒屋「滝の沢」。民宿に併設されています。カラオケがあり、島の人はカラオケが得意！

地熱釜、幻の酒に、空飛ぶ船……!?

青ヶ島には「ひんぎゃ」と呼ばれる地熱蒸気噴気孔（蒸気が噴き出す地面の穴）があり、島内にはひんぎゃを利用したサウナや地熱釜があります。地熱釜へジャガイモや玉子、魚などの食材を入れておくと約20〜30分でホカホカに蒸された状態に。誰でも無料で利用できるので、私も民宿のご主人にお願いして初日の昼食に連れて行ってもらいました。

島には昼営業の飲食店がなく、数軒ある民宿が宿泊者に3食を提供してくれます。民宿の食事は青ヶ島でとれた魚が中心。船の欠航が続くと食料が入ってこなくなるため、島民は魚を釣る、野菜を育てる、鶏を飼うなど、ある程度は自給自足をしているそうです。

居住者はもともとの島民に加え、仕事で赴任中の人が約半数と平均年齢が若いのも特徴のひとつ。長期で船が欠航し赴任者たちが食料に困っていると、もとからの島民が差し入れをすることも。また、若い住民はバレーボールなどのスポーツを頻繁に行うなど、結束力の強さを感じました。

特産品には「青酎《あおちゅう》」という焼酎があり、青ヶ島産の原料のみを使い、10人の杜氏によって10種類が造られています。交通の便が悪い島

10 集落の先にある展望スポット。海を望むベンチがあります。青ヶ島の海は濃いコバルトブルーでした　11・12「ひんぎゃ」を利用した地熱釜。24時間無料で利用でき、開栓して食品を入れておくと20～30分で蒸された状態に　13・14 民宿のご主人と、島にいたキャンパーさんと地熱釜で昼食。とてもおいしかったです。このすぐ近くに「ひんぎゃ」を利用したサウナもありました　15 島で採れた野菜や卵を蒸しました。熱いので横に置いてある棒で籠を取り出します

で、住民が飲むために作られていたという歴史があり、島外への流通量がごくわずか。そのため幻の酒とも呼ばれています。島唯一の商店「十一屋酒店」で購入できるのでぜひおみやげに。なお、島には居酒屋が2軒あり、夜になると島民が集っているのでお話が聞けるチャンス。ひとり旅だったこともあり、私も毎夜、宴に参加させていただきました。

港では青ヶ島ならではの風景が堪能できます。ひとつは「空飛ぶ船」。港は高波の影響を受けやすい地形で、船を停泊できないため、高台に船を格納するのですが、クレーンで上げ下げを行っているので、まるで船が飛んでいるように見えるのです。もうひとつは昼時になると、昼休みを利用して夕食の魚を釣りに来る人たちの姿。島は黒潮の中にあるため、いろいろな魚が釣れるんだとか。

青ヶ島の〝絶景〟といえば、ヘリコプターで上空から見る二重カルデラも感動的ですが、「大凸部《おおとんぶ》」の展望台や「尾山展望公園」からの眺めも素晴らしいものでした。大凸部展望台へは遊歩道を登っていくのですが、私が訪れたときは草が生い茂り、途中で道が消滅……（笑）。〝遊歩道〟とはほど遠い茂みをかき分けて進むはめになったので、念のため散策には長袖の準備をおすすめします。

世界的にも珍しい二重カルデラ。度重なる噴火で外側の山と内側の山（丸山）、そして丸山の内部に二重の凹みが形成されました

l0wap0n_22 / PIXTA

AOGASHIMA

no. 24

財宝が眠る!? 伝説の島
宝島《たからじま》

鹿児島県 トカラ列島

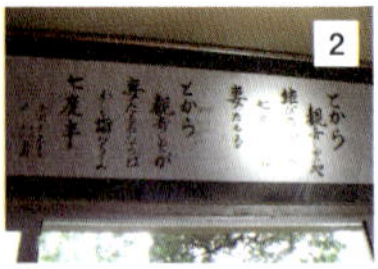

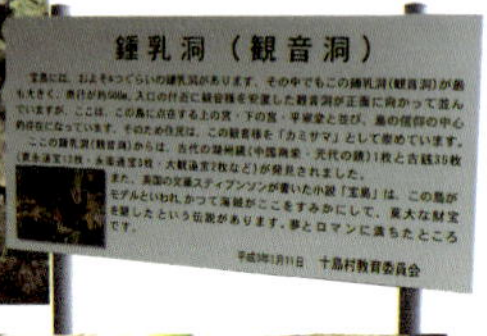

1・2 観音堂（鍾乳洞）。鍾乳洞の中は深く400～500mほどあり、ほかの鍾乳洞とも繋がっている。過去には古銭などが発見された。とても神聖な場所とされている。この中に財宝が眠っているとかいないとか!?

3・42日目の散策途中（P.100）、集落でニンニクの皮をむくおばあちゃんに遭遇。巨大ニンニクをいただきました。島では畑で作物を育てている人が多く、数日船が来なくても問題ないのだとか
5民宿にニンニクを持って帰ると「何に使おうかしら?」と困り気味のお母さん（笑）

アクセス困難な日本一長い村

鹿児島県の南方に位置するトカラ列島には7つの有人離島と5つの無人離島が属し、全体でひとつの村「十島村《としまむら》」を形成しています。十島村の全長は160km。〝日本一長い村〟とも呼ばれ、自治体内に役場がない珍しい例で、十島村役場は九州本土の鹿児島市内に設置されています。ちなみに、自治体内に役場がないのは全3例でいずれも離島です。

トカラ列島は1979年まで全島に電気が送られておらず、2018年までは全島に郵便局もなく、預貯金も簡単に行えない状態でした。もちろん銀行やATMもなければクレジットカードも使えません。とても現代の話とは思えませんよね。

アクセスが大変困難なため〝最秘境〟とも言われているトカラ列島。そのうち、有人

島 DATA

面積 7.07㎢
周囲 13.77km
人口 133人
（平成26年国勢調査）

行きやすさ ★☆☆☆☆
難易度 ★★★★★
財宝度 ★★★★★

島の情報
サンゴ礁が隆起してできたハート形の小さな離島。鹿児島県・トカラ列島に属する有人離島の中では、一番南に位置する。イギリスの海賊、キャプテンキッドが財宝を隠したという言い伝えがあり、過去には国内外から多くの探検家や賞金稼ぎが訪れたと言われている。

アクセス
鹿児島港または名瀬港（奄美大島）から宝島の前籠港までフェリー「としま」でアクセス。鹿児島港から約11～12時間、名瀬港からは約3時間。週に2往復のみの運航なので滞在は半日のみか、最低でも4日（船中泊を含めると5日）となる。

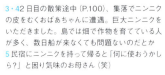

6 島最高峰の「イマキラ岳展望台」からの風景。展望台は象の形をしています　7 宿泊した民宿「サンゴ礁」。フェリーが遅れていたのでその旨を電話をすると民宿のお母さんから「ごはんを作って待っているよ」との応答が。正午を回ってから港に着くと、ご主人が迎えに来てくれていていました

8 サンゴ礁の夕食。お母さんの作るごはんは毎食おいしかったです。最終日は島へIターンした女性も招いて最後の晩餐に

離島の一番南が宝島になります。島へのフェリーは鹿児島港と奄美大島・名瀬港の間を運航する週2回の往復便のみ。鹿児島港を23時に出発し、約12時間後の翌午前11時に到着します。しかし、翌朝6時に折り返すフェリーに乗らなければ、次に島を出られるのは2～4日後。そのため滞在には船中泊を含め最低5日間かかります。

そんな秘境感もさることながら、〝宝島〟という名前は聞くだけでなんだかワクワクする響き。小説「宝島」のモデルになったと言われ、島にはキャプテンキッドの財宝が眠るという伝説も。過去にはトレジャーハンターが押し寄せたこともあるのだそうです。

私は2015年6月に訪れ、4日間滞在。島にある4軒の民宿のうち「サンゴ礁」という宿に宿泊しました。宝島には飲食店が1軒もなく、滞在中は3食すべて民宿でいただきましたが毎食ボリュームたっぷりでとてもおいしかったです。

また、民宿には都会から山海留学生（離島留学）として島の学校に通うため滞在している子どもたちの姿も。民宿のご夫妻と宝島の風景を見ていると、「きっとここで生活している子どもたちはみんなのびのび育つのだろうなあ」と想像が膨らみました。

9 島の東側にあるせんご港。フェリーが発着する前籠港に船が接岸できない場合はこちらを使うことも 10 集落から荒木崎方面へ向かう道。集落を抜け、島の反対側へ行く道はだいたいこのようになっています。ちなみに島内には信号機がなく、小学校の授業で信号や交通について学ぶそうです

電動自転車で探検しました！

12 イマキラ岳の山頂まで「坂道は大変でしょう」と民宿のご主人が自転車をトラックで運んでくれました。電動なのに……！ ご主人の優しさに終始感動でした

11 フェリーが発着する前籠港。海中都市をイメージした色鮮やかな巨大な壁画があります

13 前籠港にはフェリーの発着時間に合わせて、送迎の人や民宿の人が見送りやお迎えに来ています

優しいご主人と島散策へ

ひとり旅だったこともあり、民宿「サンゴ礁」のご主人からお誘いをいただき、2日目は朝からご主人の案内で島内探検へ。最初に向かったのは島の南端にある「荒木崎灯台」。灯台の入口には柵があり、柵を開け閉めして中に入るのですが、これは灯台の手前にある共同牧場から牛が脱走するのを防ぐため。牛のそばを通り抜けるのに少し勇気がいりましたが、みんなおとなしいのでまったく問題なく、ホッとひと安心。灯台からのイマキラ岳方面の眺めはまさに絶景でした！

次に向かったのは「観音堂」と呼ばれる鍾乳洞。宝島にはいくつか鍾乳洞があり、案内板には「おおよそ6つくらい」とずいぶんアバウトな記載がありました（笑）。なかでも一番大きいものがここで、入り口には観音堂が設置されています。中は400～500mほどの深さがあり、古銭も発見されているんだとか。昔はこの中へお酒などを持ち込み宴などが催されていたそうです。

観音堂には〝トカラ観音衆は結びの神よ 七度まいれば妻たもる トカラ観音衆が妻たもるなら わしもまいろよ七度半〟という歌の掲示が。「7回訪れれば妻ができる」とのことな

TAKARAJIMA

14 荒木崎灯台には共同牧場があり、牛が逃げないように柵が設置してあります。灯台へ行くにはこの柵を開閉して進みましょう。柵は開けたら必ず閉めること！　15 島内にはハブが生息しているため、棒で草むらをかき分けながら進むご主人　16 共同牧場内は広く、牛がたくさんいました。最初は怖かったけれど、みんなおとなしかったのでまったく問題ナシでした！　17 牧場をしばらく進んだところに荒木崎灯台があります　18 牧場から見える三角の山は「女神山」。神聖な山とされ、人は入ることができないそうです

14

15

16

17

18

ので、婚活中の男性は必見かも……!?

宝島で一番高い「イマキラ岳」へは坂道だからと民宿のご主人がトラックに自転車を積んで山頂まで運んでくれました。イマキラ岳山頂にある展望台はトカラ馬の形をしていて、登ると荒木崎灯台方面が見下ろせます。

人口増加率全国上位？ 人が増える離島

宝島では人が住んでいる集落は港近くにひとつだけ。散策をしていると島に住む女性と偶然出会い、立ち話に。話を聞くと、関東からの移住者だとか。宝島には都会から移住してきた家族が数組おり、それぞれの家族が島で子を授かり、ここ数年で人口が増えているそうです。ちなみに、十島村全体での統計（２０１５年）では全国２位の増加率！人口が減少する離島が多い中、とても明るいニュースです。しかし、宝島には高校がないため、中学卒業と同時に子どもたちが島を出ていってしまうのが課題だそうです。

なお、おみやげは集落にある宝島唯一の店「宝島販売所」がおすすめ。島バナナを利用したコンフィチュールやパスタソースなど、移住者たちが特産を活かして開発・生産したデザイン性の高い商品も並んでいました。

荒木崎灯台からの風景

TAKARAJIMA

no. 25

隠れすぎた秘境 与路島《よろじま》

鹿児島県　奄美群島

1 集落の中の風景　2 奄美群島では珍しく、与路島は1島1集落(ひとつの島に集落がひとつしかないこと)。集落内は歩いて数時間で回ることができました

3 サンゴの石垣が特徴的。石垣にはハブ対策の棒が一定の間隔で立てかけてあります　4 集落内にある8割以上の家屋にサンゴの石垣が用いられています

奄美の人も訪れたことがない!?

奄美群島に属する有人離島の中で最も面積の小さい与路島。「与論島」と間違えられることのほうが多く、そのひっそりとした立地同様、一般的にはまだまだ知名度が高くない離島です。すぐ隣の請島《うけじま》(P.108)とあわせて、〝うけよろ〟と呼ばれますが、それら2島は「奄美の人でもなかなか行く人はない」と言われる秘島です。

島へのアクセスは、奄美大島の古仁屋港から、請島を経由するフェリーせとなみで約100分。フェリーは1日1～2便のみ運航で、与路島発は平日の朝便のみなので定期船利用では日帰りで訪れることはできません。日曜日のみ午後の便があり、約3時間半の日帰り滞在が可能ですが、苦労してここまでたどり着いたからには、宿に泊まってゆっくり

島 DATA

面積	9.35㎢
周囲	25㎞
人口	80人 (平成30年5月人口世帯集計表)
行きやすさ	★☆☆☆☆
難易度	★★★★★
隠れすぎた秘境度	★★★★★

島の情報

鹿児島県・奄美群島に属する有人離島の中で、最も面積が小さい。加計呂麻島のすぐ南に位置するが、奄美の人ですらほとんど訪れたことがないという最秘境。集落はひとつのみ。

アクセス

奄美大島・古仁屋港からフェリー「せとなみ」が1日1～2便運航、片道100分。日曜のみ古仁屋港からの日帰りが可能。それ以外は海上タクシーを利用のこと。フェリーは欠航の頻度が比較的高いので注意。

5

5･6 集落と反対、島の西側にある「高原海岸」。透明度の高い海でウミガメを見ることもできるそうです　7 集落から歩くには少し遠く、民宿の息子さんにトラックに乗せていただきました

7

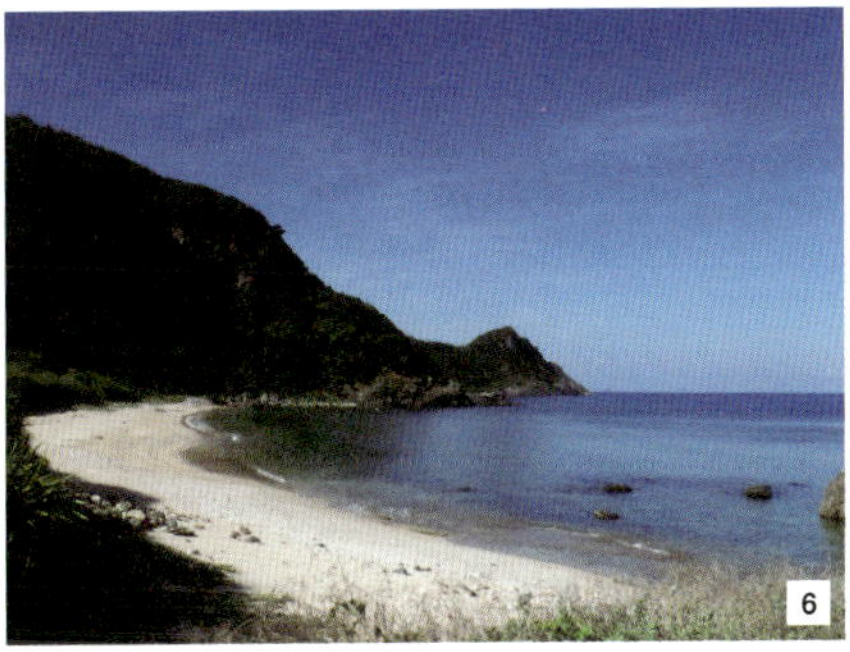

6

滞在することをおすすめします。

フェリーの少なさもさることながら、古仁屋港と奄美空港とのアクセスも悪いので、定期船がうまく接続しない場合は海上タクシーを使ってみるのもいいかもしれません。料金は1台あたりのチャーター料。定期船は古仁屋港〜与路島間が片道1000円程度である一方、海上タクシーを利用すると1万円を超えてしまうので、ひとり旅では割高になってしまいますが、お金で時間を解決できる方法のひとつです。

一方、加計呂麻島〜古仁屋間は定期船の便数が多く、与路島〜加計呂麻島間のみ海上タクシーなら半分の6000円程度。海上タクシーの船長に加計呂麻島から定期船に乗る旨を伝えると、その時間に合わせて連れて行ってもらうことができました。

これほどまでの手間と時間をかけなければ訪れることができない与路島ですが、島には驚くほど何もありません（笑）。しかし、それこそが離島の中の離島。上級者にこそ訪れていただきたいおすすめの秘境です。また、船の時刻を紙に書き出して、連絡船や飛行機の接続を組み立てながら旅程を考えるのも旅の醍醐味のひとつ。それも含めてアドベンチャー感を満喫してみてください！

8 民宿のお父さんが捕らえた大ウナギ。あまりの大きさにびっくり! 9 宿泊した民宿「みどり」 10 民宿の夕飯。奄美弁での団らんはとても楽しいものでした

11・12 与路島の小中学校。島外からの留学生を受け入れているそうです 13 唯一の売店は区長さんの自宅。お菓子や飲料、雑貨が購入できます。島内には自動販売機がないので飲み物などは店の営業中に必ず確保を!

奄美弁炸裂! 予約から大苦戦

2017年9月に請島と合わせて訪れた与路島ですが、旅の1カ月ほど前に民宿に電話予約をいれた際、お母さんとのコミュニケーションで意外な関門が! 何度言っても「9月」が伝わっているのかハッキリせず、私「9月に泊まりたいのですが……」お母さん「5月ですね」私「いえ、9月です。来月の」お母さん「5月ですね」私「キュウです。ココノツ。来月の9月です」お母さん「はいはい、5月ですね」というやり取りに……(笑)。ちゃんと予約ができたのか不安でしたが、到着すると港に迎えに来てくれていて一安心。「奄美弁おそるべし!」な出来事でした。

真夏の気候の中、到着すると「コーヒー飲む?」とお母さん。喉が渇いていたのでありがたくお願いすると、出てきたのは熱々のコーヒー! すでに汗だくでしたが、この一杯でさらに汗が噴き出しました(笑)。居間は昭和のおばあちゃん家のような空間で、客室には、最近ではなかなか見ることができない100円を入れるとエアコンが使える機器も! ツッコミどころは多いながら、とても居心地が良く素敵な民宿でした。

集落は港の前にひとつだけあり、歩いて回

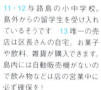

14 港の様子。「ヨロ」と書かれたコンテナで物資を運んでいます　15 港の待合所。ここでフェリーの発着を待ちます。フェリーの本数が少ないので、帰りは海上タクシーを利用しました　16 海上タクシー「芳丸」の船内。船内に貼られていた「台風で与路島が孤立した際、島の急病人を病院へ送るため荒波を土地勘で操縦し無事送り届けた」という記事が！　17 加計呂麻島の港まで海上タクシーで移動。加計呂麻島では奄美に向かう船が出る、島の反対側の港まで芳丸の船長が車で送ってくれました

りきれる大きさです。飲食店はもちろん、自動販売機すらなく、飲み物などが買えるのは区長さんのお宅のみ！　集落内はサンゴの石垣が特徴で、あちこちにハブ対策のための棒が立てかけてあります。ちなみに、ハブを捕獲すると役場で1匹3000円ほどで買い取ってもらえるのだとか。

2日目の朝食後は、息子さんのトラックに乗せていただき集落の反対側にある「高原海岸」へ。ウミガメが訪れることもあるというとても美しい海岸でした。また、民宿に戻るとお父さんが大ウナギと格闘中！　あんなに大きいものは初めて見ました。その後は、お母さんと熱々のコーヒーでひと息。のんびりとした島時間を堪能できた1日でした。

夕食時にはご家族が交わす奄美弁の威力にびっくり。皆さん明るく、とても楽しかったのですが、何ひとつ聞きとることはできませんでした（笑）。

帰路は定期船と時間が合わず、海上タクシーを利用。前日に予約を入れようとしたところ「その必要はない」とお父さん。なんと海上タクシーの運転手は民宿の息子さんでした！　そんな民宿の皆さんとの出会いで私の心はポカポカに。何もないことがヤミツキになりそうな、印象深い島でした。

no. 26

請島《うけじま》

隠れすぎた秘境パート2

鹿児島県 奄美群島

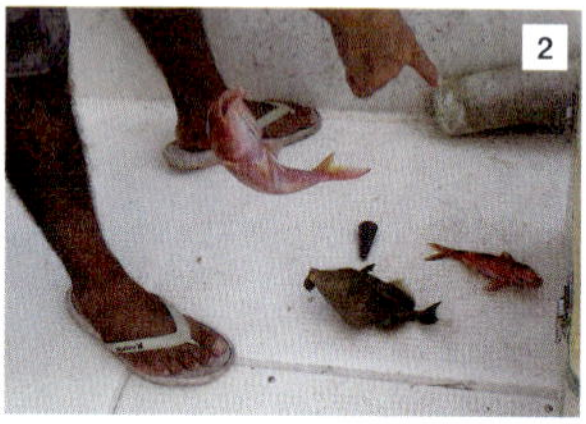

1 民宿のご主人のご厚意で、漁船で請島近海の海釣りへ。船には魚を探すレーダーのような画面がついていて魚がいそうなポイントを移動しながら釣りをしました 2 一度に3匹ゲット！ ルアーを巻く手が筋肉痛になるほど、とにかくたくさん釣れました 3 私が釣った「おじさん」という魚。宿に帰ると若女将が名前を教えてくれました

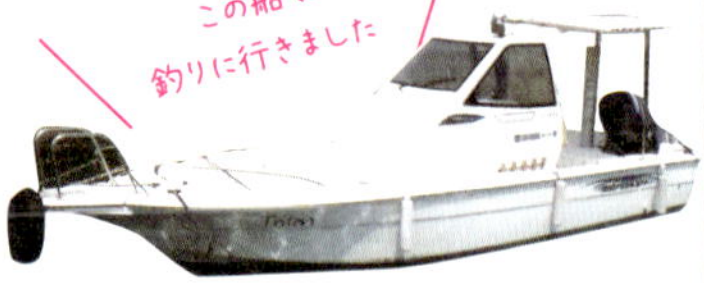

3年ぶりに小学校が再開

奄美群島に属する請島は、奄美群島に属する有人島の中で2番目に小さな島。池地《いけじ》と請阿室《うけあむろ》の2つの集落があり、人口は99人です。島へのアクセスは、奄美大島の古仁屋港から、1日1～2便運航のフェリーで、池地まで約25分、請阿室まで約45分です。請島からのフェリーは、平日は午前発のみなので、定期船の利用では日帰りで訪れることはできません。日曜日のみ午後便があるため、約5時間の日帰り滞在が可能ですが、与路島（P.104）同様、ここまでたどり着いたなら、宿に泊まってゆっくり滞在することをおすすめしたいです。

お隣にある与路島の小中学校では都会などから「島の子留学制度」（離島留学）が取り入れられていますが、請島では2014年に池

島 DATA

面積 13.34㎢
周囲 25㎞
人口 99人
（平成30年5月人口世帯集計表）

行きやすさ ★☆☆☆☆
難易度 ★★★★★
隠れすぎた秘境度 ★★★★★

島の情報
奄美群島に属する有人離島。加計呂麻島のすぐ南に位置するが、与路島（P.104）と同様に奄美に住む人ですらほとんど訪れたことがないという最秘境。島内には請阿室、池地の2つの集落がある。

アクセス
奄美大島・古仁屋港からフェリー「せとなみ」で池地港まで約25分、請阿室港まで約45分。いずれも1日1～2便運航。それ以外は海上タクシーを利用のこと。日曜のみフェリーでも古仁屋港からの日帰りが可能。

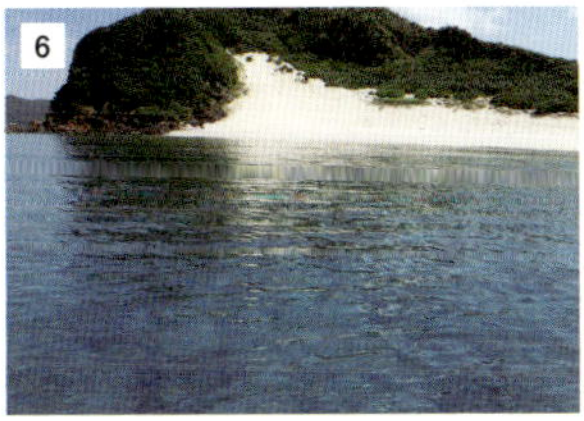

4 海から見た景色。船で近海を案内していただきました　5 島の人は船舶免許を持っている人が多いようです　6 瀬戸内町与路島に属する無人島・ハンミャ島。裏側には白い砂浜が。テレビのロケでも使われたことがあります

7 海の透明度が高く、底までよく見えました。魚も目で確認できるほど　8 優しい若女将が私の日焼けを心配して、つばの大きな麦わら帽子を貸してくださいました

地小中学校の児童が0人に。この小学校は創立100年を超え、1950年頃には200人を超える児童がいたそうですが、0人になったと同時に閉校となってしまいました。

しかし、2017年4月に2組の家族がUターン。2人の小学生が誕生し、3年ぶりに小学校が再開したそうです。児童2名に対し、校長と教諭が2名、養護教諭、用務員、給食員の8名での再スタートとなりました。

私は2017年9月に与路島と合わせて旅をし、奄美大島の古仁屋港からフェリーに乗って、請島→与路島の順で滞在。フェリーの中では、同じくひとり旅の歳の近い女性と出会いました。請島・与路島に向かうフェリーは当然ながら乗客も少なく、特に島の関係者ではない人は私たち以外に見当たらなかったので、お互いに「こんなところにひとり旅で来るんだ〜！」という親近感を感じ、話がはずみました。聞くと、私とは逆に与路島→請島というルートで旅をするとのことで、ちょうどスケジュール的に同じ民宿を入れ替わりで宿泊することが発覚。なんという偶然でしょう！その後、請島から与路島に向かう際に、入れ替わりの船でもう一度会うことができました。このような不思議なご縁もひとり旅ならではの醍醐味かもしれません。

7・8 請島には池地と請阿室、2つの集落があります。私が宿泊した民宿「みなみ」は池地に位置。集落ではヤギを買っている家がたくさんありました

9・10 民宿みなみの部屋と外観。とても清潔感のある宿でした　11 民宿みなみのごはん。魚が中心でとてもおいしかったです

12 池地集落の“売店”。無人販売所で、家庭用冷蔵庫の中にアイスや飲み物が入っている斬新なスタイル

秘境にて海釣りデビュー

私が請島で滞在したのは、池地にある民宿「みなみ」です。シンプルですがとても清潔感のある宿で、池地の港に着くとご主人が迎えに来てくれていました。

宿に到着してすぐに荷物を置き、集落の散策へ。池地は倉庫の中にある冷蔵庫が〝売店〟(笑)。ペットボトルやアイスなどを無人販売しているようでした。それまで池地にはものを買えるスポットがなかったので、これでもかなり便利になったのだとか！ 少し離れた隣の集落・請阿室には「請阿室商店」という有人の売店があります。ビュースポットは島の南西部にある「夕日台展望台」と「夜明台展望台」。それぞれ夕陽と朝陽が見られますが、歩きでは少し遠いかもしれません。

隣の集落へは、ちょうど民宿のご主人が、「請阿室に行くのでよかったら乗せていきますよ」と誘ってくださり、お言葉に甘えることに。ご主人は郵便配達の仕事もしているようで「1時間後にまたここで」と、再集合の約束をして、配達をしている間、請阿室集落の散策に出かけました。サンゴの石垣が続く集落内には、ハブ対策の「用心棒(ハブ棒)」があちこちに。多くの民家の庭にヤギがいた

UKEJIMA

13 サンゴの石垣が美しい集落の中の風景。一定間隔でハブ対策用の棒が置いてありました　14 請島は島のほとんどが山間部。「ミヨチョン岳」という山があり、瀬戸内町教育委員会に申請すればガイド同行で登れるそうです

15 請島固有の動植物には春先に見られる「ウケユリ」と「ウケジママルバネクワガタ」があり、絶滅危惧種として保護されています。密猟に来る人もいるらしく、規制の看板が設置されていました　16 ヘリポート展望台からの風景。民宿「みなみ」の若旦那が案内してくれました。正面に見えるのは加計呂麻島です

のも印象的でした。

請島には飲食店がないため民宿で3食を提供してくれますが、みなみの若女将のごはんはとてもおいしかったです！　翌日は朝食後、ご主人から釣りのお誘いが。それまで釣りをしたことはなかったのですが、おもしろそうなのでご一緒させていただきました。私が日焼け止めを塗っていると、若女将が「日焼けすると大変だから」とツバの大きな麦わら帽子を貸してくださり、それをかぶっていざ海釣りへ！

請島の周りの海は透明度が高く、海の底や海中を泳ぐ魚が良く見えました。かなり水深の深いところまで何度かスポットを移動しましたが、どこへ行ってもとにかく釣れる、釣れる！　魚は思ったよりもずっと重く、リールを巻く腕が筋肉痛になりそうでした。魚釣りをしながら、与路島近くにある無人島・ハンミャ島や請島の裏側など、船でしか行けないような場所も案内していただき、とても貴重な体験になりました。

私はその日の午後のフェリーで与路島に向かう予定だったので残念ながら釣った魚を食べることはできず……。きっと私の出発後に、行きのフェリーで一緒だった女性が夕食に召し上がってくれたのかなと思います。

no. 27

自然の不思議を感じる 南大東島《みなみだいとうじま》

沖縄県 大東諸島

1 南大東空港にて　2 那覇空港から南北大東島間をプロペラ機が1日1往復運航。南大東島に先に止まる便と、北大東島に先に止まる便がある。南北大東間のフライトはたった3分ほどなので、離陸のアナウンスから、流れるように着陸態勢のアナウンスへ

3 東洋一とも言われる鍾乳洞「星野洞」。中はとても広く蒸し暑かったです　4 受付。入場料は大人800円　5 懐中電灯とラジカセを借り、ラジカセから流れる音声ガイドを聞きながら進みます。「星野洞」の由来は、この辺り一帯が星野さんの土地だったからだそうです

島DATA

面積 30.52㎢
周囲 20.8㎞
人口 1277人
（平成27年国勢調査）

行きやすさ ★☆☆☆☆
難易度 ★★★★★
自然の不思議度 ★★★★★

島の情報

沖縄本島より東に約360㎞。遙か彼方にあるという意味の「うふあがりじま」と呼ばれる。“東洋のガラパゴス”とも呼ばれ、固有種が多く存在。地底湖や鍾乳洞などもあり、自然豊かな島。

アクセス

✈ 那覇空港から片道1時間、1日1便運航。ただし、那覇～大東間の飛行機は国内でもかなり高い。正規料金は特に高いのでパックツアーなどを探すのもあり。南北大東間にも空路があり片道3分。

🚢 那覇の泊港（とまりん）から週1～2便運航。片道約15時間。南北大東間を運航する船もあり、片道約1時間。

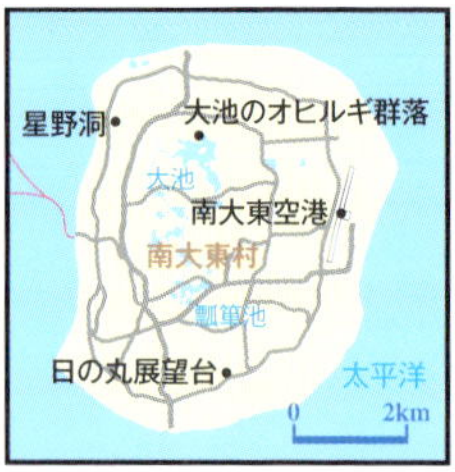

絶海の孤島、南大東島

私が南大東島を訪れるキッカケになったのは『旅立ちの島唄』という映画です。南大東島には高校がないため、子どもたちはみな高校入学を機に島を出るのが通例。島には「ボロジノ娘」という、小・中学生からなる民謡を歌うグループがあるのですが、彼女たちが中学を卒業する15の春に、島と島民に向けて「旅立ちの唄」を歌う伝統があり、前述の映画はそれを扱った作品です。

私は「せっかくならその行事が見られる時期に！」と、映画を観た翌年の2014年の3月上旬に島を訪れました。フェリーは週に1～2便のみの運航で片道15時間かかるため、3泊4日の日程でもOKな飛行機を利用しました。1～3月はちょうどサトウキビの刈り取りが行われるため、空路でアクセス

MINAMIDAITOJIMA

6 南大東島は断崖絶壁で島にビーチがないため、子供たちは夏になると海に面して造られた「海軍棒のプール」で泳ぎます　7 海軍が測量のために建てた棒が近くにあるので「海軍棒のプール」と呼ばれているのだとか

8 島の見どころのひとつ「バリバリ岩」。南大東島（フィリピン海プレート）は今でも年に7cmほど北東に移動していているため、岩が“バリバリ”と引き裂かれている割れ目を見ることができます

9・10 旧空港を利用したラム工場「グレイスラム」。「コルコル」というサトウキビを利用したラム酒や、ラム酒を使ったケーキなどが購入できます

する場合は、地上に広がる緑と土色のパッチワークをお見逃しなく。この時期しか見ることができない、空の旅ならではの絶景です。

午後に島に到着すると、宿泊先のホテル「よしざと」に荷物を置いて、自転車で「星野洞」という鍾乳洞へ。営業終了5分前でしたが、受付のおじいに「まだ見られますか?」と尋ねると「行っておいで」と快諾してくれました。洞窟内は懐中電灯と首かけラジカセを借りて見学するのですが、この音声ガイドがなかなかユニークでした。

鍾乳洞は東洋一と言われるだけあって、神秘的な美しさ。ここまでの規模になるには数百万年はかかるのだそうです。南大東島では島を出る子どもたちが星野洞の中に泡盛を置き、成人式のときに飲むという習慣がありますが、洞内があまりに広いためどこに置いたのか忘れてしまう人が続出（笑）。現在は一定の場所に置くようにしているそうです。

洞窟内を隅々まで歩くにはかなりの時間を要し、湿度も高いので汗だくに。外に出ると受付のおじいがやってきて「ちょっとひとりで見るのは寂しいとこだよね。おじいが一緒に行ってやっても良かったんだけど」と。確かに奥まで行くには少し心細かったので、お願いしたかったかも……と思いました。

11「地底湖」への入り口は畑のど真ん中に！ 地底湖探検にはガイドツアーへの申し込みが必須。ツアー中に撮影した写真はCDRでいただけます　12 地底湖の内部。洞窟内は光がまったくないのでどんなに時間が経っても目が慣れることはなく、ライトが必須です。水面に広がる波紋が神秘的な美しさでした

14 宿泊したホテル「よしざと」前の通り。左手には喫茶店とスロット店が。この規模の離島でスロット店を見たのは初めてでした

13 ランチを食べた富士食堂。八丈島文化と沖縄文化が融合した大東島では、沖縄由来の大東そばと、八丈島由来の大東寿司のセットが食べられます。謎のバイキングもあり！

大東そば＆
大東寿司

クレーン乗船、そして旅立ちの島唄

滞在2日目はホテル「よしざと」で自転車を借り、島内のスーパーや各集落を散策。「海軍棒のプール」や「シュガートレイン跡」、プレート移動で今もさけ続けている「バリバリ岩」、旧空港を利用したラム工場など、島の見どころを一気に巡りました。

そして3日目には、南大東島から北へ10km のところにある北大東島へ行ってみることに。5日に一度だけ南北大東島間を運航するフェリーと、ちょうどタイミングを合わせることができ、念願の「クレーン乗船体験」に成功。断崖絶壁である南北大東島は、大型フェリーが港に接岸することができないため、荷物も人もクレーンで積み下ろしをしています。人はカゴの中に入ってクレーンで積み下ろしをされるのですが、観光客や女性などがいるのは珍しかったようで、サービスでクレーンをビックリするくらい高く上げていただきました（笑）。

北大東島には1泊だけ滞在し、行きと同様にフェリーで南大東島へ。戻った夜は、ホテルで夕食をすませてからいよいよ「ボロジノ娘」の見学へと向かいました。

3月4日（さんしんの日）が本番で、私が

MINAMIDAITOJIMA

15 港でのクレーン乗船。断崖絶壁で船が接岸できない大東島では、クレーンを利用して貨物の積載や乗船を行います。釣り上げられた瞬間は感動でした！　16 このカゴに人が入り、乗下船します。クレーン乗船を体験するためにわざわざフェリーで来る人もいるそうです

19・20 三線を弾きながら民謡を歌う島の女の子グループ「ボロジノ娘」の練習会場にて。3月4日に行われる本番のステージに向けてリハーサル中。感動的な時間でした

17 島内に広がるサトウキビ畑。訪れた3月はちょうど収穫期で、サトウキビを刈る様子も見られました　18 大池展望台。林に囲まれた淡水池・大池が一望できます

訪れた3月1日はリハーサルの日。練習会場に着くと、三線の先生が「よろしければ中で」と練習の様子を見せてくださいました。少女たちは幼い頃に三線を習い始め、島を離れる中学3年生まで続けるため、中には15歳にして三線歴10年という子も。この年の春に島を発つ子は、この日のために7年間演奏してきたといいます。旅立つ者が唄う「アバヨーイ」という唄を聴いたときは、私も思わず涙がこぼれてしまいました。

4日目の最終日は、午前中に地底湖ツアーへ。事前予約必須で、所要時間は約3時間、ツアー代は6000円です。地底湖の入り口はまさかこの下に地底湖があるとは思えないような畑のど真ん中！　洞窟内は非常に湿度が高く、ライトを消すと1寸先すら見えない暗闇です。光がまったくないので、専用のスーツに着替え、ヘッドライト、ネックライト、手には懐中電灯というフル装備で挑みます。洞窟内を進み、たどり着いた地底湖は、透き通った水が美しく、絶対に訪れる価値アリです！

このほかにも南大東島は、島のあちこちに自然と不思議があふれ、3日だけの滞在では足りないほどでした！

「日の丸展望台」からの眺め。サトウキビ畑のパッチワークは１～３月だけの風景

MINAMIDAITOJIMA

no. 28

リン鉱石跡とサトウキビ畑
北大東島《きただいとうじま》

沖縄県　大東諸島

1 リン鉱石貯蔵施設跡。リン鉱石採掘事業は1976年まで続けられていたそうです。現在は廃墟マニアにはたまらない建物に

2 島内はサトウキビ畑が広がり、のどかな雰囲気　3 民宿「二六荘」にいた建設業者の方々。港の建設をしていたこともあり、沖縄本島からたくさんの人が長期で赴任してきていました　4 近海で釣ってきたというマグロのお刺身。この辺りではマグロが釣れるそうで、小魚を餌にして釣るコツを教えていただきました

民宿「二六荘」にある売店

島 DATA

面積 11.93㎢
周囲 18.3㎞
人口 629人
（平成27年国勢調査）

行きやすさ ★☆☆☆☆
難易度 ★★★★★
カルスト地形度 ★★★★★

島の情報
沖縄本島より東に約360㎞。大東諸島に属し、南大東島から10㎞ほど北に位置。海側はカルストのような特徴的な岩が多数ある。

アクセス
✈ 東京からの直行便はなし。那覇空港から北大東空港まで1日1便運航、片道約1時間。南大東島と同様、正規料金では高めになるのでパックツアーなどがあれば比較検討を。
🚢 那覇の泊港（とまりん）から週1〜2便運航、片道約15時間。

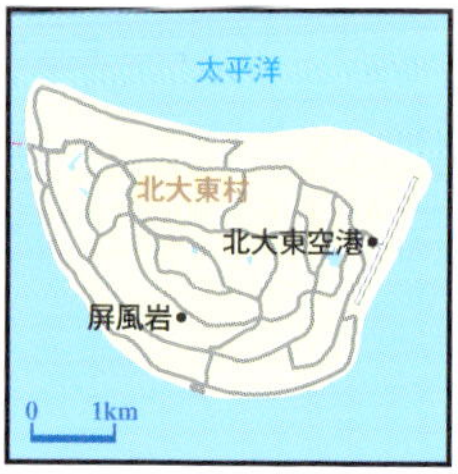

リン鉱石貯蔵跡とカルスト地形

北大東島は沖縄本島より東に360㎞、南大東島から10㎞北に位置する離島。私は2014年3月に南大東島（P.112）と合わせて旅をし、全3泊4日の行程のうち、真ん中の1泊のみ滞在しました。

宿泊は文化財にも指定されている建物を持つ民宿「二六荘」にて。北大東島で宿泊できるのは2軒のみで、ひとつはこの味のある二六荘。もうひとつはデザイン性の高い「ハマユウ荘」という宿です。

北大東島では昔、リンが採掘されていましたが戦後、採掘場は閉山。今でも港の近くには貯蔵施設が残っています。廃墟のような佇まいなので、廃墟好きにはたまらないスポットかもしれません。

島内にはサトウキビ畑が広がり、のどかな

6

5

7

5 大東諸島の海は濃いブルー。島の周りは水深が深く、南・北大東島の距離は約10㎞ですが、水深はなんと1000～2000m！

9

6 島の外周道路。島内にバスはなく移動はレンタサイクルかレンタカーで　7・8 海沿いはカルスト地形になっています　9 大東太鼓を演奏する島の子どもたち。大東太鼓は八丈島の八丈太鼓から引き継がれたと言われています

8

風景。北大東島はサンゴが隆起してできた島なので、海沿いにはカルスト地形（地表に露出した石灰岩が長い時間をかけて侵食されてできる地形）が見られます。

　二六荘で自転車を借りてサイクリングへ出かけたところ、島に観光客が来るのが珍しいのか、トラクターに乗ったサトウキビ農家の人や役場の人などから、「案内しようか？」「道に迷いましたか？」など、とにかくたくさん話しかけていただきました（笑）。

　当時はちょうど、建設中の港の工事に携わる業者の人たちが滞在していて、二六荘の近くに宿泊していました。島にはスーパーや売店はあるものの飲食店がないため、工事業者の人たちは二六荘に夕食を食べに来ており、夕食後には民宿の食堂の外で開かれていた宴会にもお邪魔させていただきました。業者の皆さんが近海で釣ってきたマグロをツマミにいただきながら、マグロを釣るコツや、北大東島は港の建設があるから景気がいいといった話を楽しく聞かせてもらいました。

　また、北大東島と南大東島は親睦を深めるため「南北親善競技大会」という島対抗スポーツ大会を行っているそうです。毎年ホーム＆アウェイを変えて開催しているそうで、見学できたらおもしろそうだなと思いました！

1 港近くにある「クイヌパナ（端の高台）」と呼ばれる遠見台からの風景。海が穏やかで青く、とても美しかったです

no. 29

新城島《あらぐすくじま》

謎多き秘密の島

沖縄県　八重山諸島

2 集落内の風景　3 浜崎海岸へ続く1本道　4 対岸に見えるのは下地島。干潮時は歩いて渡ることができます

美しく、穏やかで、謎多き島

沖縄県・八重山諸島に属する新城島は、八重山地方の言葉で「離れ」を意味する「パナリ」という通称も。上地島《かみじじま》と下地島《しもじじま》の2つの島の総称で、干潮時には両島を徒歩で渡ることができます。

下地島は牧草地のみで、集落は上地島にしかありません。2016年の時点で人口は10人ほどと言われていましたが、実際には現在何人住んでいるのかはわかりません。

私は2016年に訪れましたが、とても穏やかで時間の流れも忘れるほど美しい島でした。島への定期船はないので、石垣島からのシュノーケーリングツアーを利用し、ガイド同伴での訪問を。島内には入ってはいけない場所や、撮影禁止の場所が多数あるので、ガイドの方に注意事項を確認しましょう。

島 DATA

面積 3.33㎢
周囲 11km
人口 不明

行きやすさ ★☆☆☆☆
難易度 ★★★★★
秘島度 ★★★★★

島の情報

沖縄本土から南西に約400kmに位置。沖縄県・竹富町に属する八重山諸島のひとつで、西表島からは南東約7km。上地島と下地島、2つの島を総称して「新城島」と呼ばれ、通称は八重山地方の言葉で「離れ」を意味する「パナリ」。

アクセス

新城島への定期船は運航されていない。石垣島などから催行されるシュノーケルツアーの船などを利用し、ガイドを同伴すれば訪れることができる。周辺の海ではクマノミを見ることができるため、シュノーケルポイントとしても人気。

離島の一期一会
～島での出会い④～

EPISODE 9
アクセス最難関島でのトラブル

船が50～70％の確率で欠航する青ヶ島（P.92）。1日1往復のみ、わずか9席というヘリコプターに乗るために八丈島の空港に着いたとき、カメラの電池を自宅に忘れてきてしまったことに気付きました……。乾電池なら現地の商店で購入できるかもしれませんが、専用のリチウムイオン電池は現地の商店で買えるはずがありません。仕方がないので、島に着いてからスマートフォンのカメラ機能で撮影をしていた矢先、さらに悲しいできごとが……。送迎の車から降りる際、スマートフォンをひざにのせたまま勢いよく降りてしまい、ひざの上から飛び出して転がったスマートフォンの画面がバキバキに……。割れた画面のタッチパネルは反応せず、修理に行こうにも最寄りの携帯ショップがある八丈島へ行く手段がありません。

「人生ではどうしようもないことが時々起こる」ということを強く学び、落ち込みすぎて口数も激減。そんな様子を見かねた民宿のご主人が「島で1カ月くらいキャンプをしているお兄さんがいるから、その人に相談したら何とかなるかもしれない」と、一緒にキャンプ場へ行ってくれました。

青ヶ島に滞在していた職業不詳（聞きましたが教えてもらえませんでした（笑））のお兄さんが、スマートフォンにマウスを接続するコネクタをくださり、マウスで携帯を動かすことが可能に。夏季休暇を利用した平日だったので、仕事の連絡などには無事に対応することができました。ちなみに、このキャンパーさんとは後に鹿児島の離島を旅した時に再会しました！

その後、滞在1日目の夜に訪れた居酒屋でお会いした島に赴任中の教員の方がカメラを貸してくださり、SDカードを入れ替えて写真を撮ることができました。感謝、感謝の連続です（涙）。

さらに、青ヶ島を出発する日、天候不良でヘリコプターが欠航に。当然船も欠航しており、延泊が確定。青ヶ島から八丈島を経由して御蔵島へとヘリコプターで渡るスケジュールを計画していたため、御蔵島への旅をキャンセルすることで全体の日数をオーバーすることはありませんでしたが、延泊した日は天気も荒れていて民宿に缶詰め。本を読みながら時間を持て余していると、島の女性たちが遊びにきてくれました。

民宿のご主人の誕生日が近かったため、ケーキとパンを焼いてきたという女性たち。島にはパン屋もケーキ店もないため、当たり前のように自分で作るのだとか。民宿のご主人が畑で採れたというピーマンを渡すと、女性が「夕飯はガパオライスにしようかな」と。私が「そんなものまで作れるのですね！」と驚くと、「作れるって言うか、お店がないから、作らないと食べられないの」との回答が。なるほど。それにしても主婦力の高さにビックリ。生鮮品以外の材料はAmazonなどで手に入るそうです。島の暮らしの話を聞きながら、ケーキを囲んでのお茶会はとても楽しい時間となりました。

　その翌日もヘリコプターの定期便は天候不良で欠航でした。午後には臨時便が出ると言われたのに、なんとまさかの機体不良で欠航。「このまましばらく帰れないかも……」と不安に駆られていたころに船の運航が決定し、なんとか大きく揺れる船にのって帰路に着くことができました。

　八丈島の港から空港は少し離れているのですが、船から降りると「青ヶ島の方から伺っています」と声をかけられ、同じ船に乗っていた人と一緒に空港まで車で送っていただきました。最後までうれしい心づかい！

延泊になった青ヶ島で民宿のご主人のお誕生日会

島の女性たちが作って持ってきてくれた食パンとロールケーキ。皆さんとってもお料理上手！

EPISODE 10 宝島の民宿のご主人と兵六餅

宝島（P.98）で宿泊したのは「サンゴ礁」という民宿でした。滞在は船便が少ない関係で3泊に。島内に飲食店などがないことから、朝昼夕と3食すべて宿でお世話になりました。お母さんの作るごはんは島の魚を活かした温かい家庭の味で、毎食とてもおいしかったです。後日、宝島を訪れたことがある人に会った時には「サンゴ礁のごはんは本当においしかったよね！」と共感し合いました。

　女子のひとり旅な上に、ほかのお客さんもいなかったこともあってか、民宿のご夫妻には本当に良くしていただきました。ご主人に島を案内してもらったり、展望台まで電動自転車を載せてもらったり。お世話になったのはたった3日間ですが、コミュニケーションの密度や、アクセスの悪さゆえにそう簡単には会えなくなるだろうということを考えると、帰るのが少しさみしくもありました。

出発する日、お世話になったお礼を伝えて握手をしたあと、民宿のご主人が「おじさんがこの世で一番好きなお菓子をあげよう」と、草色の紙の小箱に入ったお菓子を2個もいただきました。「ボンタンアメ」と同じ製造元で作られ、鹿児島地区を中心に販売されているそのお菓子は「兵六餅」という名で、「ボンタンアメ」と同じ求肥飴。1931年に発売が開始されたそうで、ご主人は子どもの頃から食べていたのかもしれません。

〝この世で一番好きなお菓子〟なのに、餞別としてくださったありがたさ（しかも2つも！）から、しばらく食べることができず、空港で見つけて同じものを買って帰りました。

民宿のご主人がくれた思い出の「兵六餅」

のちに調べると、パッケージは近世の「大石兵六夢物語」という小説をもとにしたものなのだとか。戦時中に一次販売停止し、戦後に再販する際にこのパッケージを守ったというエピソードもあるそうです。以来、鹿児島を訪れるたびに兵六餅を買っています。

EPISODE 11 南大東島の若者と〝リセット〟

南大東島に着いた日の夜、自転車を押していると、女の子とそのお母様である女性に遭遇し、立ち話に。「旅行ですか？ どちらから？」と尋ねられ、話をするうちに親しくなって「明後日の夜に会社のおでん会があるので、来ませんか？」とお誘いいただき、連絡先を交換しました。ボロジノ娘の見学に行くと言うと、たまたま通りかかった会社の若手に「道がデコボコしているしわかりにくいから乗せていってあげて」と女性。おかげで、軽トラックに自転車を積み、一緒に乗せていただくことができました。

残念ながらボロジノ娘の練習は休みだったのですが、若者たちが「せっかくだから島を案内しますよ」と、軽トラで夜の島を案内してくれました。東京からの来客が珍しいのか、軽トラの荷台で若者たちといろいろな話をしました（あのときは自

夜の島を案内してくれた若者たち

動販売機のジュースをご馳走さまでした！）。
3日目の夜は、お言葉に甘え「おでん会」に参加。これは島の建設会社の社員とその家族がおでんを煮て食べる会で、地区のお祭りのようでした。誘ってくれた女性は沖縄本島から南大東島に嫁いだそうで、「島では子どもたちを〝島の子〟と言って、みんなで育ててくれる。那覇だとここまではいかない」と教えてくれました。また「島の物価は高いけど、Amazonがあるから平気。若い人はみんなAmazon。島の店で買うと箱のティッシュ5箱セットで500円くらいする」とも。厳しい生活環境かもしれませんが、島の人たちからは底抜けの明るさを感じました。

女性に誘われて参加した「おでん会」

最終日、宿泊していたホテル「よしざと」の女将の車で空港へ。ホテルには4日ほど滞在しましたが、女将は1日目から名前を覚えてくれて、顔を合わすたびに「大畠さん、大畠さん」と、島のあれこれを教えてくれました。いろいろ融通もきかせていただき、とても素晴らしい滞在になりました！　島を発つ時、「大畠さん、帰っちゃうなんてさみしいね」なんて言われると、さみしいようなうれしいような、あたたかい気持ちに。

女将の中学生のお子さんは、その春に進学で島を出るタイミング。進学とともに沖縄本島でひとり暮らしをする子もいますが、半数くらいは母親が一緒について行くそうです。跡取り娘としてホテルを仕切ってきた女将の場合は、お父さんが一緒に行くんだとか。「頑張らなくちゃね」という言葉がせつなくも爽やかで、こちらまで元気をいただきました。

空港では、「この島はリセットの島だからね。内地（本州）に戻ったらきっといいことがあるよ」とエールをいただき、握手を交わして別れました。春先の女性ひとり旅だったからでしょうか。それとも、私が新しいスタートを控えていた時期なのが伝わったのでしょうか。心に沁みるとてもうれしいエールでした。

この時、女将にいただいた南大東島のビーチサンダルは4年たった現在も大切にしています。

南大東島でお世話になった
ホテル「よしざと」

おわりに

～離島ひとり旅を振り返ったエピローグ～

2011年からはじめた約7年間の離島ひとり旅を今回この本にまとめるために、記録や記憶をたどりながら振り返りましたが、やっぱり離島はおもしろい！　その島にしかない独特の生活文化や習慣、〝離島あるある〟など、同じ日本なのに改めて不思議な世界だと思います。

そして、たくさんの出会いがありました。

ひとりで旅をしていると、島の人たちと会話をする機会が必然と増え、助けてもらったりお世話になったりすることもしばしば。顔の見えるコミュニケーションが成り立っているコミュニティの特性も加わって、出会った人たちとの深い交流へと繋がりました。この本の中に書いた人も、書ききれなかった人も、「あの島のあの人は元気かな？」と、島ごとに必ず思い出す人たちがいて、ひとりひとりを思い出しながらの回顧録となりました。

執筆にあたり、各離島についての情報をもう一度調べていると、私が訪れた時からずいぶんと変わっていることなどもあり驚きました。例えば、島に数軒しかなかった飲食店のうちひとつが閉店してしまった！とか、民宿しかなかったのに移住者によってゲストハウスがオープンした！とか、今までなかった店がひとつできた！というような、都市部であれば毎日当たり前のように起きていることが、離島では、数年来の大ニュースに感じられるのです。

その変化は、情報通信とか、世界が電子化に進むとか、そういうものではもちろんなくて、むしろそういった世界の変化の目まぐるしさには、あまり呑み込まれず穏やかに緩やかに変わって行っていると感じます。

また、本書で紹介したのは私が今まで訪れた島の中からセレクトした約30島（しまなみ海道の各島を含む）ですが、日本には有人離島が2018年現在で418島。その数だけまだ知らない世界が広がっています。日本も実は広いなってわくわくしませんか？

最後に、これまでの離島ひとり旅で出会った人たち、お世話になった人たちに感謝を込めて。

そして、この本がみなさまの離島ひとり旅への入り口となることを願います。

大畠順子

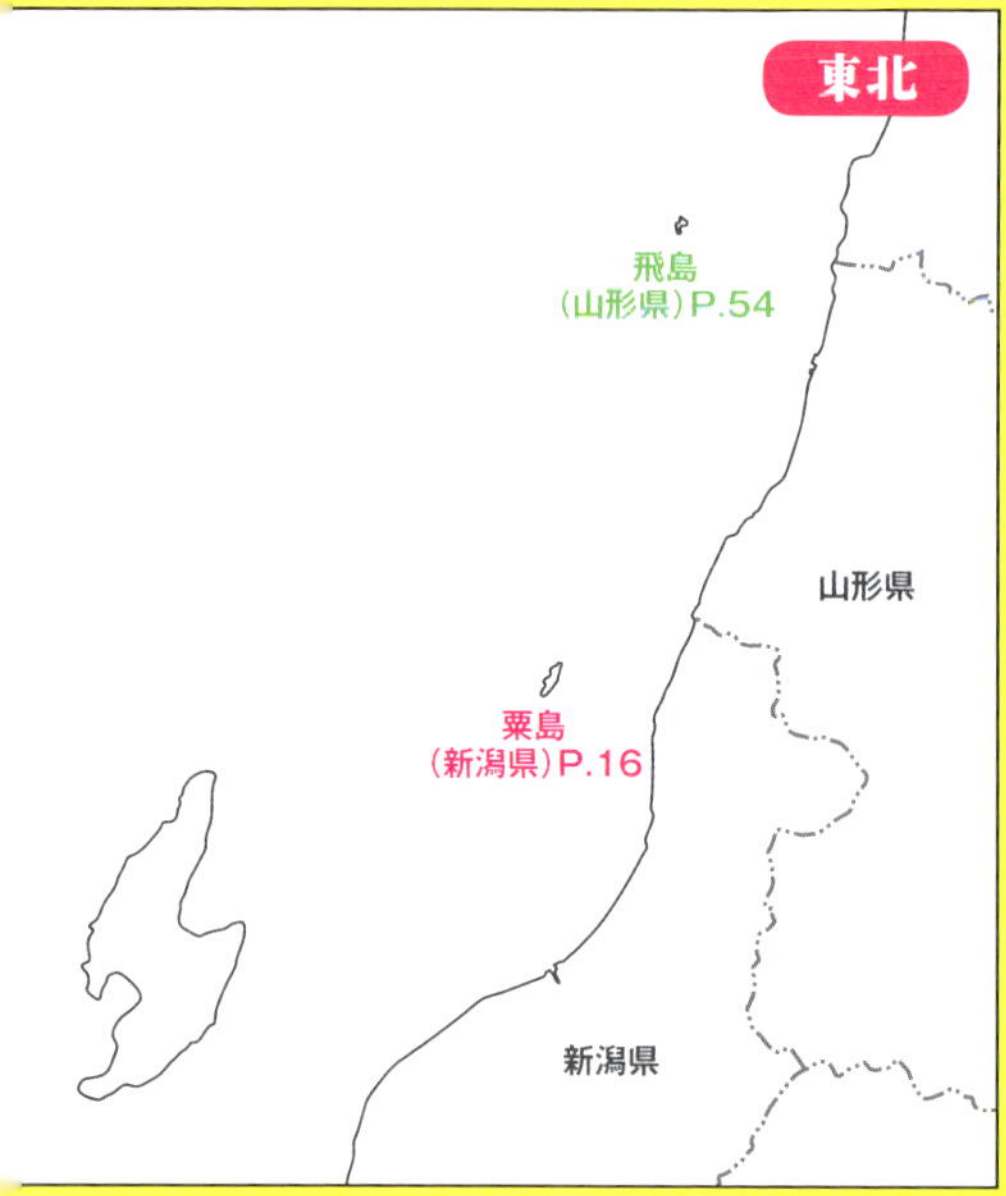
東北
飛島
(山形県)P.54
山形県
粟島
(新潟県)P.16
新潟県

北海道
礼文島(北海道)P.48
利尻島(北海道)P.52
北海道

INDEX

鹿児島本島周辺
上甑島(鹿児島県)P.68
鹿児島県
中甑島(鹿児島県)P.71
下甑島(鹿児島県)P.74

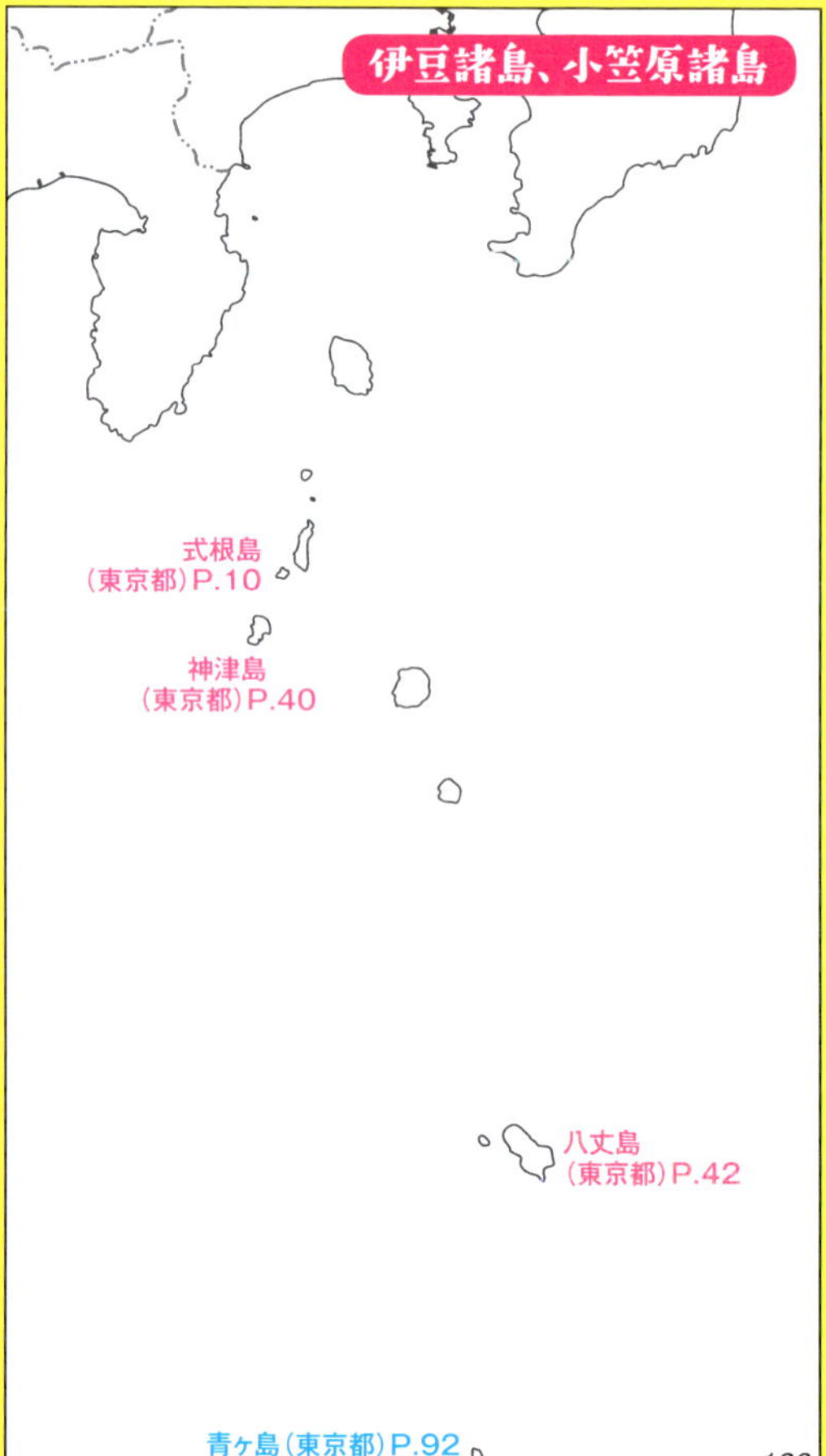
伊豆諸島、小笠原諸島
式根島
(東京都)P.10
神津島
(東京都)P.40
八丈島
(東京都)P.42
青ヶ島(東京都)P.92

南西諸島

宝島（鹿児島県）P.98
加計呂麻島
（鹿児島県）P.64
喜界島（鹿児島県）P.30
与路島
（鹿児島県）P.104
請島（鹿児島県）P.108
与論島（鹿児島県）P.22
（沖縄県）P.84
北大東島（沖縄県）P.118
南大東島（沖縄県）P.112
与那国島
（沖縄県）P.86
西表島
（沖縄県）P.88
波照間島
（沖縄県）P.78
新城島（沖縄県）P.120

瀬戸内の島

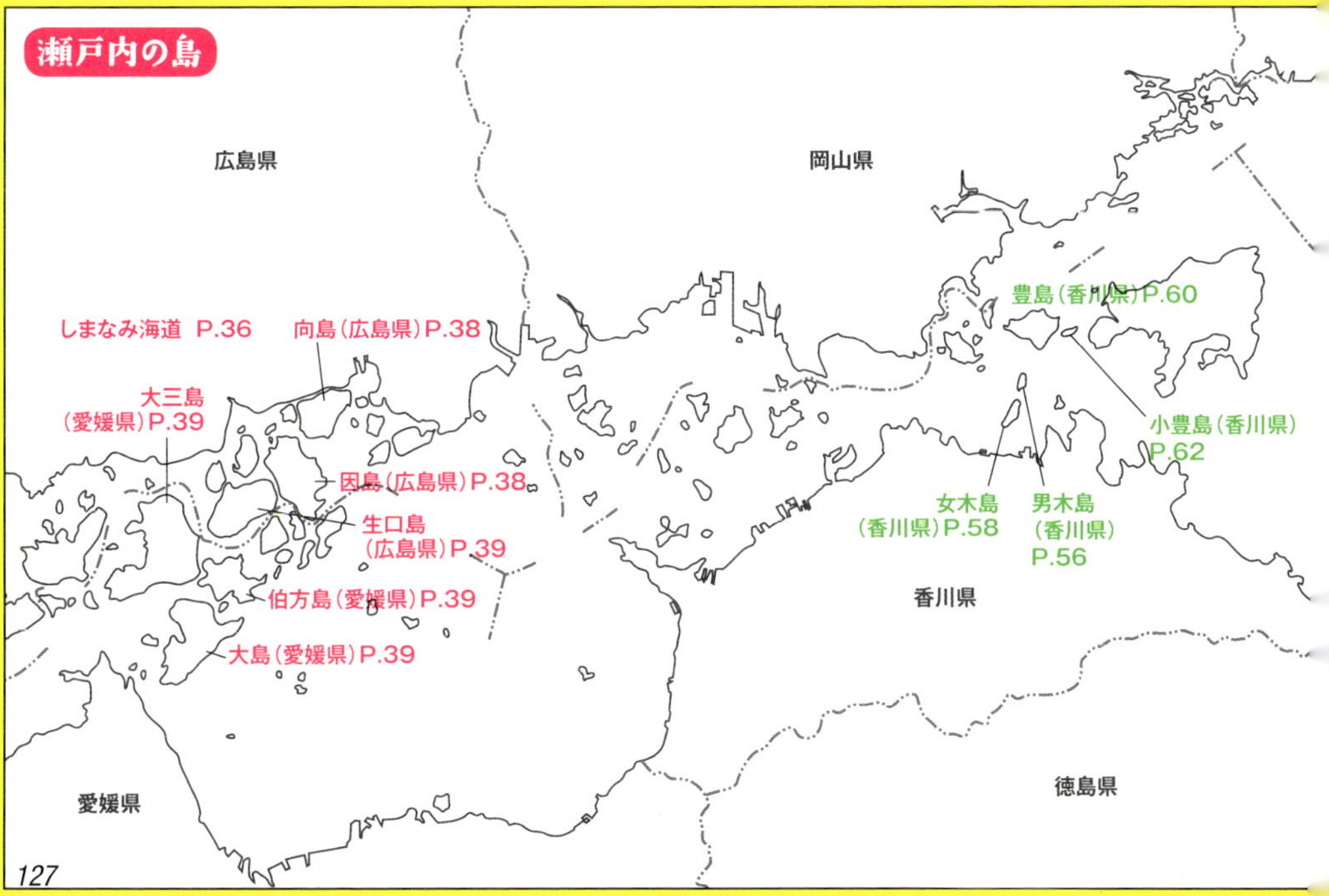
広島県
岡山県
しまなみ海道　P.36
向島（広島県）P.38
大三島
（愛媛県）P.39
因島（広島県）P.38
生口島
（広島県）P.39
伯方島（愛媛県）P.39
大島（愛媛県）P.39
豊島（香川県）P.60
小豊島（香川県）
P.62
女木島
（香川県）P.58
男木島
（香川県）
P.56
香川県
徳島県
愛媛県

文・写真
大畠順子（おおはた・じゅんこ）
1983年生まれ。群馬県出身。離島女子ひとり旅の先駆者で、普段はラジオ局に勤務する普通の会社員。2011年より日本の離島ひとり旅をスタート。週末に気軽に行けるふらっと離島旅から、ガッツリ秘境・異文化を味わうマニアック離島旅まで、様々な離島旅を実践している。これまでに、約40島を旅している。

制作スタッフ

企画	丸山剛史
編集	omo!
デザイン	大森由美（ニコ）
地図制作	周地社
制作進行	小林智広（辰巳出版株式会社）
写真提供	PIXTA（P.36、P.96） Hyuga brewery（P.41） Shutterstock（P.42）

離島ひとり旅

2018年8月1日　初版第1刷発行
2021年10月1日　初版第3刷発行

著者	大畠順子
発行人	廣瀬和二
発行所	辰巳出版株式会社 〒113-0033 東京都文京区本郷1-33-13　春日町ビル5F TEL：03-5931-5920（代表） FAX：03-6386-3087（販売部） URL　http://www.tg-net.co.jp
印刷・製本	共同印刷株式会社

ISBN978-4-7778-2134-1 C0026